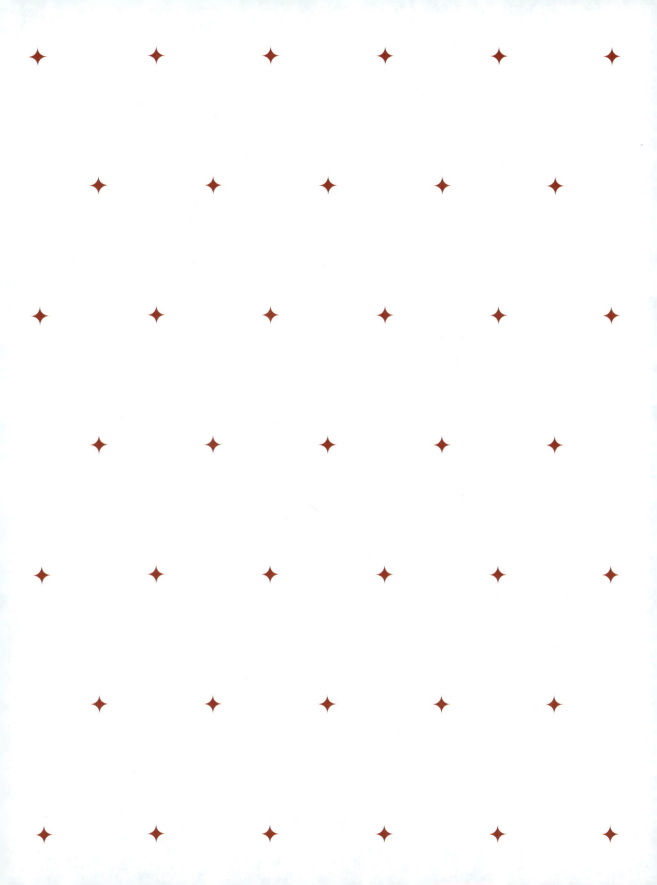

重信初江

漬けものレシピ

Tsukemono cookbook

はじめに

私が調理師学校に通いはじめた頃、中学時代の友人に偶然会ったことがあります。「しげちゃん、昔、漬けもの研究家になりたいって言っていたもんねー！」と言われ、自分はすっかり忘れていたのでびっくりしました。

昔から漬けものが大好きで、小学生のとき、誕生日にねだったのはその頃まだ珍しかった "オリーブの塩漬け" や "刻みすぐき"。ニューヨークに初めて旅行したとき、一番行きたかった場所はピクルス屋さん。大きな樽に浅漬けや褐色になったものを見たときは大興奮、あれやこれやと持ちきれないほど買い込んだことを今でもよく覚えています。

最近では、韓国の一般家庭にお邪魔して一年分のキムチを漬ける一大行事 "キムジャン" に参加しました。一緒に作って、食べて、いかに漬けものが人々の食生活を支えているかがよくわかりました。

私が日頃欠かさず作っているのは浅漬け。撮影時のお昼ごはんに山盛りの浅漬けをテーブルに並べておくと、いつの間にか売り切れています。時間のあるときに仕込んでおけるから作り手は気軽、野菜をもりもり食べられるから食べ手もうれしい。

この本では、そんな日々の浅漬けをはじめ、友人から教えてもらった漬けもの、しょうゆやみそなど身近な調味料で作った漬けものなど、簡単で比較的短い時間で楽しめるものをたくさん紹介しています。「漬けもの研究家になりたい」時代から好きだった昔ながらの漬けものもあります。野菜以外の漬けものもあります。

ごはんの時間に食卓にあるとほっとできる漬けもの。早速作ってみてください。

重信初江

目次

はじめに 2

漬けもの作り 容器と道具 6

漬けもの作り 基本の調味料 7

漬けもの手作りカレンダー 8

Part1
野菜を漬ける

日々の漬けもの

塩漬け

ミックス浅漬け 11・12

ミックス浅漬けで

卵炒め 13

浅漬けサラダサンド 13

ズッキーニとレモンの塩漬け 14

もやしと青じその浅漬け 15

水菜のゆずこしょう風味漬け 15

白菜の即席漬け 16

大根のゆず風味漬け 16

白うりのしょうが風味漬け 17

キャベツの重ね漬け 18

丸ごとトマトの塩水漬け 19

丸ごとトマトの塩水漬けで

丸ごとトマトサラダ 19

みそ漬け

ミックスみそ漬け 20

漬かりすぎたみそ漬けは 20

はちみつみそ漬け

夏野菜のはちみつみそ漬け 22

切り干し大根漬け 23

めんつゆ漬け

揚げ野菜のめんつゆ漬け 24

煎り大豆のめんつゆ漬け 25

だしじょうゆ漬け

玉ねぎのだしじょうゆ漬け 26

しょうゆ漬け

小松菜とにんじんのしょうゆ漬け 27

松前漬け 28

簡単福神漬け 28

あぶりたけのこの木の芽漬け 30

酢じょうゆ漬け

葉わさびの酢じょうゆ漬け 31

葉わさびの酢じょうゆ漬けで

葉わさびカナッペ 31

辛子じょうゆ漬け

なすの辛子じょうゆ漬け 32

菜の花の辛子じょうゆ漬け 32

辛子じょうゆはちみつ漬け

長芋の辛子じょうゆはちみつ漬け 33

甘酢漬け

みょうがの甘酢漬け 34

かぶの甘酢漬け 34

すし酢漬け

大根と干し柿のすし酢漬け 36

せん切りじゃがいものすし酢漬け 36

だしをとったあとの昆布、おろししょうがを

酢漬けにしておくと便利

昆布の酢漬けで、昆布の佃煮 37

おろししょうがの酢漬けで、

わかめときゅうりのしょうがあえ 37

ヨーグルト漬け

なすとミントのヨーグルト漬け 38

酒粕漬け

わさび漬け 39

しょうゆ麹漬け

あぶりゴーヤのしょうゆ麹漬け 40

じゃがいも漬け

かぶのじゃがいも漬け 42

パンビール漬け

ミックス野菜のパンビール漬け 43

中華風漬け

ラーパーツァイ 44

メンマ風 45

枝豆の紹興酒漬け 46

オクラの豆板醤黒酢漬け 46

即席ヤンニョム漬け

トマトのヤンニョム漬け 47

保存の漬けもの

しょうゆ漬け

にんにくのしょうゆ漬け 48

にんにくのしょうゆ漬けで

豚しゃぶサラダ 49

にんにくのしょうゆ漬けの漬け汁も捨てずに活用 49

甘酢漬け

新しょうがの甘酢漬け 50

新しょうがの甘酢漬けで

干ものときゅうりの混ぜずし 51

豚巻き照り焼き 51

塩漬け

実山椒の塩漬け 52

実山椒の塩漬けで

白身魚のカルパッチョ 53

しょうゆ漬け

実山椒のしょうゆ漬け 52

実山椒のしょうゆ漬けで

山椒冷奴 53

甘酢じょうゆ漬け

きゅうりのカリカリ漬け 54

ピクルス

ミックスピクルス 56

しょうゆピクルス 56

ビーツのはちみつピクルス 58

塩水漬け

さやいんげんの泡菜 59

さやいんげんの泡菜で

ひき肉の泡菜炒め 59

ザワークラウト

ザワークラウト 60

ザワークラウトで

ザワークラウトとソーセージの煮込み 61

オイル漬け

いろいろきのこのオイル漬け 62

いろいろきのこのオイル漬けで

きのこのブルスケッタ 62

焼き野菜のバルサミコオイル漬け 64

たたききゅうりの長ねぎオイル漬け 64

キムチ

白菜キムチ 66

白菜キムチで

豚キムチ炒め 68

キムチそうめん 68

カクテキ 69

かぶのたらこキムチ 70

水キムチ 71

昔ながらの漬けものを完全マスター

ぬか漬け 72・74

ぬか床を作る 74

野菜の下ごしらえ 75

いろいろと漬けてみる 75

ぬか床の手入れ 76

ぬか漬けで

ぬか漬けサラダ 77

古漬けご飯 77

白菜漬け 78

白菜漬けで

白菜漬けと豚肉の鍋 80

焼き油揚げと白菜漬けあえ 81

塩焼きそば 81

らっきょう漬け

らっきょうの甘酢漬け 82

らっきょうの塩漬け 84

らっきょうの酢じょうゆ漬け 84

らっきょうの甘酢漬けで

和風タルタルソース 85

らっきょうの酢じょうゆ漬けで

らっきょうチャーハン 85

梅干し 86・88

青梅の割り漬け 87・90

小梅の昆布漬け 87・91

梅干し、青梅の割り漬けの副産物を楽しむ

はじかみしょうが 92

しば漬け風 92

自家製ゆかり 93

梅じょうゆ 93

Part2
肉・魚介を漬ける

粕漬け
豚肉の粕漬け　95・96

金目鯛の粕漬け　97

麹漬け
身欠きにしんと野菜の麹漬け　98

みそ漬け
牛肉のみそ漬け　100

魚介のみそ漬け　101

はちみつみそ漬け
ラムチョップのはちみつみそ漬け　102

鮭のはちみつみそ漬け　103

しょうゆ漬け
豚肉のしょうゆ漬け　104

酢じょうゆ漬け
手羽先の酢じょうゆ漬け　105

ビネガーオイル漬け
しらすのビネガーオイル漬け　106

塩漬け
いかの塩辛　107

みそヨーグルト漬け
豚薄切り肉のみそヨーグルト漬け　108

カレーヨーグルト漬け
鶏もも肉のタンドリー風　109

オイル漬け
手羽元のレモングラスオイル漬け　110

かつおのツナ風　110

いわしのオイルサーディン　112

かきのオイル漬け　113

かきのオイル漬けで
かきのパスタ　113

Part3
卵・豆腐・チーズ・果物を漬ける

みそ漬け
卵とチーズのみそ漬け　115・116

豆腐のみそ漬け　115・116

卵黄のみそ漬け　117

ウスターソース漬け
卵のウスターソース漬け　118

ピクルス
卵のカレーピクルス　119

豆板醤しょうゆ漬け
アボカドの豆板醤しょうゆ漬け　120

オイル漬け
フェタチーズとオリーブのオイル漬け　121

砂糖漬け
ゆずの砂糖漬け　122

ゆずの砂糖漬けで
ゆずパン　122

はちみつ漬け
ドライフルーツとナッツのはちみつ漬け　123

ドライフルーツとナッツのはちみつ漬けで
ワインのおともプレート　123

シロップ漬け
きんかんのシロップ漬け　124

フルーツポンチ風　125

ワイン漬け
りんごの赤ワインコンポート　126

びわの白ワインコンポート　127

Tsukemono cookbook

●計量単位は、1カップ＝200㎖、大さじ1＝15㎖、小さじ1＝5㎖、1合＝180㎖です。
●電子レンジの加熱時間は600Wを基準にしています。様子をみながら加減してください。
●ガスコンロの火加減は、特にことわりのない場合は中火です。
●オーブントースターの焼き時間は目安です。機種によって違いがあるので加減してください。
●オリーブオイルはエキストラバージンオリーブオイル、塩は粗塩を使っています。

漬けもの作り 容器と道具

ここで紹介するのは、漬けものを漬ける&保存するための容器と、おいしく作るための道具。容器はさまざまなものが売られているので、作る量や好みによって選ぶとよいでしょう。

容器

●ホーロー容器
梅干しなど比較的長い期間漬けるものは、においがつきにくく、塩気や酸に強いホーロー容器がおすすめ。ほこりなどが入らないように、ふたつきのものを。

●ねじ式漬けもの容器
ねじ式の押し板がついていて、重しが調整できるようになっている容器。使い勝手がよいのは角型のもの。

●小サイズのプラスチック容器、保存袋、ビニール袋
少量作りたいときに重宝するのが小サイズの保存容器。また、保存袋やビニール袋は漬ける時間が比較的短いときにおすすめ。冷蔵庫のスペースも確保できます。

●ガラス製の容器
塩気や酸に強い耐熱性の容器やガラス製の瓶も漬けもの向き。特に広口瓶は中身が出し入れしやすい。酢漬け、ピクルス、果物の漬けものなどに。

道具

●重し
重しは材料に塩を浸透させるために必要。市販のものは取っ手がついていたり、重さが表示されているので便利。2.5kgのもの、1kgのものを用意。重しの代わりに、砂糖1袋(1kg)と2ℓ入りのペットボトル1本(2kg)を組み合わせて使っても。

●ボウル、バット、ザル
素材の下ごしらえをしたり、漬け床を混ぜ合わせたり……と、なにかにつけてよく使うのがボウルとバット。耐熱性、ステンレス製など、好みで選びます。大中小の3サイズがあると理想的。ザルは、水気や汁気をきるための万能ザル、野菜を天日干しにするときに使う盆ザルがあるとよいでしょう。

●はかり、計量カップ
漬け床や調味料の分量を量るための道具。漬けものはその場で仕上がる料理とは違って味見ができないので、なるべく正確に計量してから使います。

●アルコールスプレー、ホワイトリカー
容器は、カビ防止のために殺菌消毒してから使うのが基本。この本では、使う直前に食用アルコールをスプレーしてさっとひと拭きしています。ホワイトリカーで代用しても。

●布巾、さらし、ガーゼ、ペーパータオル
布巾は野菜を包んで水気を絞ったり、保存容器を拭いたりするときに、さらしは梅干しの土用干しに、ガーゼは卵黄のみそ漬けを作るときに、それぞれ使います。ペーパータオルは使い捨てだから手軽。不織布のものは吸水性が高くてやわらかいので、ていねいに扱いたい食材に使います。

漬けもの作り 基本の調味料

おいしい漬けものに必要な基本の調味料、風味づけにあると便利なスパイスなどを紹介します。
特別なものは必要なく、どれも身近にあるものばかり。
思い立ったらすぐにはじめられるのが、漬けもの作りの魅力です。

調味料

●塩
粗塩がおすすめ。粗塩はにがりを含んだ塩で、粒子が粗くてしっとりしていて、溶けやすいのが特徴。ミネラルが豊富でツンとしたしょっぱさがないので、おいしく漬け上がります。

●砂糖、はちみつ、みりん
砂糖は、しっとりとしていて白色の白砂糖（上白糖）が一般的。独特のコクや香りを出したいときははちみつ、おだやかな甘みを少し加えたいときはみりんを使います。

●みそ、しょうゆ
みそ、しょうゆとも、好みのものを使えばOK。漬けていくうちに味がしみ込んでいくので、調味料の良し悪しが仕上がりを左右します。おいしいと思えるものを使うようにします。

●米麹、酒粕
米麹は甘みをより感じることのできる生麹を、酒粕は手に入りやすい板粕を使います。かたいので、電子レンジで加熱するか、ぬるま湯につけてやわらかくして使います。

●酢、ワインビネガー、レモン
酢漬け、酢じょうゆ漬けなど和風の漬けものには米酢、ピクルスなど洋風の漬けものには白ワインビネガーなどの果実酢を使います。また、レモンなど柑橘類の搾り汁を酸味に使うこともあります。

●昆布、赤唐辛子
ぬか漬けに必須なのが昆布と赤唐辛子。昆布はうまみを出し、赤唐辛子は防腐作用や脂肪の酸化防止作用があります。常にぬか床に入れておきます。

●油
オイル漬けなどに使う油は、クセがなく軽い口当たりのサラダ油が一般的ですが、コクや香りを出したいときはオリーブオイル、中華風に仕上げるときはごま油を使います。

プラスαの風味づけ

●しょうが、にんにく
香味野菜のしょうがやにんにくは、仕上がりの味に深みを出す役目があるだけでなく、殺菌作用もあります。

●和辛子、マスタード、豆板醤
辛みと風味のアクセントをつけます。和風の漬けものには練り辛子、洋風の漬けものにはフレンチマスタードや粒マスタード、中華風の漬けものには豆板醤などを。

●スパイス
スパイスの香りは食欲を増進させたり、奥行きのある味わいを作ります。この本では、カレー粉、こしょう（粒のもの、ひいてあるもの）、ローリエ、シナモン（スティック、パウダー）などを使っています。

漬けもの手作りカレンダー

青果店やスーパー、直売所などで、出盛りの元気な素材を見かけたら、
「そうだ、おいしいうちに漬けものにしよう！」と思います。季節の漬けものがあると、
それだけで食卓が豊かになるのがうれしいもの。ここでは私の漬けものカレンダーを紹介します。

春 Spring

3月 March
葉わさびの酢じょうゆ漬け　31
菜の花の辛子じょうゆ漬け　32
かぶの甘酢漬け　34
かぶのたらこキムチ　70
水キムチ　71

4月 April
ミックス浅漬け　11・12
キャベツの重ね漬け　18
あぶりたけのこの木の芽漬け　30
かぶのじゃがいも漬け　42
メンマ風　45
金目鯛の粕漬け　97
しらすのビネガーオイル漬け　106

5月 May
丸ごとトマトの塩水漬け　19
松前漬け　28
せん切りじゃがいものすし酢漬け　36
トマトのヤンニョム漬け　47
実山椒の塩漬け　52
実山椒のしょうゆ漬け　52
かつおのツナ風　110

夏 Summer

6月 June
玉ねぎのだしじょうゆ漬け　26
わさび漬け　39
にんにくのしょうゆ漬け　48
ミックスピクルス　56
らっきょうの甘酢漬け　82
らっきょうの塩漬け　84
らっきょうの酢じょうゆ漬け　84
梅干し　86・88
青梅の割り漬け　87・90
小梅の昆布漬け　87・91
いわしのオイルサーディン　112
びわの白ワインコンポート　127

7月 July
もやしと青じその浅漬け　15
白うりのしょうが風味漬け　17
簡単福神漬け　28
ミックス野菜のパンビール漬け　43
オクラの豆板醤黒酢漬け　46
新しょうがの甘酢漬け　50
ビーツのはちみつピクルス　58
たたききゅうりの長ねぎオイル漬け　64
ぬか漬け　72・74
いかの塩辛　107
手羽元のレモングラスオイル漬け　110

8月 August
ズッキーニとレモンの塩漬け　14
夏野菜のはちみつみそ漬け　22
揚げ野菜のめんつゆ漬け　24
なすの辛子じょうゆ漬け　32
みょうがの甘酢漬け　34
なすとミントのヨーグルト漬け　38
あぶりゴーヤのしょうゆ麹漬け　40
枝豆の紹興酒漬け　46
きゅうりのカリカリ漬け　54
さやいんげんの泡菜　59

秋 Autumn

9月 September
しょうゆピクルス　56
焼き野菜のバルサミコオイル漬け　64

10月 October
ミックスみそ漬け　20
長芋の辛子じょうゆはちみつ漬け　33
ザワークラウト　60
いろいろきのこのオイル漬け　62

11月 November
かきのオイル漬け　113
アボカドの豆板醤しょうゆ漬け　120
りんごの赤ワインコンポート　126

冬 Winter

12月 December
水菜のゆずこしょう風味漬け　15
大根のゆず風味漬け　16
大根と干し柿のすし酢漬け　36
白菜キムチ　66
白菜漬け　78
ゆずの砂糖漬け　122

1月 January
白菜の即席漬け　16
煎り大豆のめんつゆ漬け　25
ラーパーツァイ　44
カクテキ　69
身欠きにしんと野菜の麹漬け　98

2月 February
切り干し大根漬け　23
小松菜とにんじんのしょうゆ漬け　27
きんかんのシロップ漬け　124

通年

豚肉の粕漬け　95・96
牛肉のみそ漬け　100
魚介のみそ漬け　101
ラムチョップのはちみつみそ漬け　102
鮭のはちみつみそ漬け　103
豚肉のしょうゆ漬け　104

手羽先の酢じょうゆ漬け　105
豚薄切り肉のみそヨーグルト漬け　108
鶏もも肉のタンドリー風　109
卵とチーズのみそ漬け　115・116
豆腐のみそ漬け　115・116
卵黄のみそ漬け　117

卵のウスターソース漬け　118
卵のカレーピクルス　119
フェタチーズとオリーブのオイル漬け　121
ドライフルーツとナッツのはちみつ漬け　123
フルーツポンチ風　125

Part1

野菜を漬ける

思い立ったらすぐに作れて、サラダ感覚でもりもり食べられる「日々の漬けもの」、

時間がたっておいしくなる、作っておくと便利な「保存の漬けもの」、

そして、白菜漬けやらっきょう漬け、梅干しなど、日本人の知恵が生きる

「昔ながらの漬けもの」を紹介します。

出盛りの野菜を毎日の食卓に並べたい、そんな思いで考えたレシピばかりです。

ミックス浅漬け →作り方は p.12

日々の漬けもの

塩漬け

ミックス浅漬け

サラダ感覚でもりもり食べられる、薄塩の浅漬け。
炒めものやサンドイッチにもアレンジ可能です。

材料　作りやすい分量
キャベツ　½個（約500g）
きゅうり　2本
にんじん　50g
A｜塩　小さじ2
　｜酢　大さじ2
　｜昆布茶　小さじ1

1　キャベツは1枚ずつにし、芯は薄切りまたはそぎ切りにし、葉は一口大に切る（写真a）。
2　きゅうりは2〜3mm厚さの輪切りにし、にんじんは皮をむいて薄い半月切りにする。
3　保存袋に1、2とAを入れ（写真b）、空気を入れて口を閉じ、塩が全体にまわるように袋ごとふる（写真c）。
4　空気を抜いて口を閉じ（写真d）、冷蔵庫に入れて20〜30分おく。
5　汁が出たら手で軽くもんでなじませる（写真e）。
6　食べる分だけ汁気を軽く絞って器に盛る。

＊冷蔵庫で5〜6日保存可。
＊きゅうり2本は約200gなので、合計約750g。野菜を白菜などのほかのものに変えても同じように漬けることができる。味をみて、足りなければ塩少々（分量外）を足す。

【ミックス浅漬けで】
卵炒め

材料　2〜3人分
ミックス浅漬け　200g
卵　2個
塩、こしょう　各少々
ごま油　小さじ1

1　ミックス浅漬けは汁気を絞る。
2　卵はボウルに割りほぐし、塩、こしょうを加えて混ぜる。
3　フライパンにごま油を熱して1を入れ、強めの中火で1分ほど炒める。フライパンを少し空けて2を流し入れ、大きく混ぜてふんわりと火を通す。

【ミックス浅漬けで】
浅漬けサラダサンド

材料　2個分
ミックス浅漬け　150g
マヨネーズ　大さじ1
ドッグパン　2個

1　ミックス浅漬けは汁気を絞ってボウルに入れ、マヨネーズを加えて混ぜる。
2　ドッグパンに切り込みを入れ、1をはさむ。

材料　作りやすい分量
ズッキーニ　2本(約450g)
レモン(国産)　½個
A｜塩　小さじ1
　｜昆布茶　小さじ1

1　ズッキーニは乱切りにする。
2　レモンはよく洗い、輪切りを2枚作り、8等分の放射状に切る。残りはそのままにしておく。
3　ビニール袋にAと1を入れ、切ったレモンを加え(写真a)、残りのレモンを搾って果汁を入れる(写真b)。袋の上から手でもみ、空気を抜いて口を縛り、冷蔵庫に入れて1時間以上おく。
4　食べるときに軽くもんで汁気を絞る。

＊冷蔵庫で5〜6日保存可。
＊ビニール袋をボウルに入れて作業するとやりやすい。

塩漬け

ズッキーニとレモンの塩漬け

フレッシュなレモンの酸味がアクセント。
ズッキーニは乱切りにして、その食感を楽しみます。

塩漬け

もやしと青じその浅漬け

もやしのシャキシャキ感と青じその香りがさわやかで、クセになるおいしさ。酢を入れるのがポイントです。

材料　作りやすい分量
もやし　1袋
青じそ　4枚
A | 酢　大さじ1
　| 昆布茶　小さじ½
　| 塩　小さじ⅓
　| 砂糖　少々

1　もやしはできればひげ根を取り、耐熱容器に入れてラップをし、電子レンジで約2分加熱する。
2　青じそはせん切りにする。
3　1が熱いうちに2とAを入れて混ぜ、冷めたらビニール袋に入れて空気を抜いて口を縛る(写真a)。冷蔵庫に入れて30分ほどおく。
4　食べる分だけ汁気を軽く絞って器に盛る。
＊冷蔵庫で2〜3日保存可。

塩漬け

水菜のゆずこしょう風味漬け

ピリッとした辛さと香りが身上のゆずこしょうを使ったクイック漬けもの。酒の肴にもおすすめです。

材料　作りやすい分量
水菜　200g
A | ゆずこしょう　小さじ½
　| 酢　大さじ½
　| 昆布茶　小さじ⅓
　| 塩　小さじ⅓

1　水菜は3〜4cm長さに切って熱湯にさっとくぐらせ、冷水に取って水気を絞る。
2　ビニール袋にAを合わせ、1をほぐしながら加えて混ぜ、空気を抜いて口を縛る(写真a)。冷蔵庫に入れて15分以上おく。
3　食べる分だけ汁気を軽く絞って器に盛る。
＊冷蔵庫で2〜3日保存可。

野菜を漬ける……日々の漬けもの

塩漬け

白菜の即席漬け

白菜⅙個でチャチャッと作れるのが魅力。
白菜が残ったときの活用法にもおすすめです。

材料　作りやすい分量
白菜　⅙個(約400g)
にんじん　30g
細切り昆布　ひとつまみ(5g)
A | 塩　小さじ1
　 | 赤唐辛子の小口切り　½本分
　 | 酢　大さじ1
　 | 砂糖　少々

1　白菜は2〜3cm四方に切る。にんじんは皮をむいて細切りにし、昆布は長ければキッチンバサミで食べやすい長さに切る。
2　ビニール袋に**1**を入れ、Aを加えて混ぜ、空気を抜いて口を縛る。冷蔵庫に入れて1時間以上おく。
3　食べる分だけ汁気を軽く絞って器に盛る。
　＊冷蔵庫で1週間ほど保存可。

塩漬け

大根のゆず風味漬け

黄ゆずの季節に作りたい、香りのいい漬けもの。
大根の代わりにかぶを使っても同様にできます。

材料　作りやすい分量
大根　½本(約800g)　　A | 酢　大さじ1
塩　大さじ½　　　　　　 | はちみつ　小さじ1
ゆず　⅛個　　　　　　　 | 塩　小さじ½
　　　　　　　　　　　　 | 昆布茶　小さじ⅓

1　大根は1cm角、4cm長さに切る。ビニール袋に入れ、塩を加えて混ぜ、空気を抜いて口を縛り、1時間ほどおく。
2　ゆずは種を取って薄切りにする。
3　**1**の水気を絞り、ビニール袋に入れてAと**2**を加えて混ぜ、空気を抜いて口を縛り、冷蔵庫に入れて1時間以上おく。
4　食べる分だけ汁気を軽く絞って器に盛る。
　＊冷蔵庫で1週間ほど保存可。

塩漬け

白うりのしょうが風味漬け

干して歯ごたえがよくなった白うりを
しょうがとともに漬けて、すっきりとした味わいに。

材料　作りやすい分量
白うり　2本(約500g)
しょうが　2かけ
A｜酢　大さじ2
　｜昆布茶　小さじ½
　｜塩　小さじ½

1　白うりは縦半分に切って種をスプーンで取り除き(写真a)、7〜8mm幅に切ってザルに並べ、5〜6時間天日に干す(写真b)。水気がなくなって縁が少し縮んだらさっと洗い、水気を絞る。
2　しょうがはせん切りにする。
3　ビニール袋にAと2を入れ、1を加えて混ぜ(写真c)、空気を抜いて口を縛り、冷蔵庫に入れて30分以上おく(写真d)。
4　食べる分だけ汁気を軽く絞って器に盛る。

＊冷蔵庫で5〜6日保存可。
＊ビニール袋をボウルに入れて作業するとやりやすい。

材料　作りやすい分量

- キャベツ　400g
- A
  - 水　1カップ
  - 酢　大さじ2
  - 塩　大さじ2
- パプリカ(黄)　½個
- 塩　小さじ¼
- スモークサーモン　10枚
- 青じそ　8枚

1. キャベツは1枚ずつにして芯を取り除いて大きめに切る。ビニール袋にAを入れて混ぜ、キャベツを加え(写真a)、30分ほどおいて水気を絞る。
2. パプリカは半分に切って薄切りにし、塩をまぶして15分ほどおき、水気を絞る。
3. バット(20×14cm)に大きめのラップを敷き、**1**のキャベツの⅓量を広げて入れ、**2**、サーモン、青じその各半量を順に重ねて入れる(写真b)。その上にキャベツの半量をのせ、同様にして重ね、残りのキャベツをのせる。ラップをかぶせ(写真c)、同じ大きさのバットと1kgの重しをのせ(写真d)、冷蔵庫に入れて1時間ほどおく。
4. 汁気をきって取り出し、食べやすい大きさに切り分ける。

＊冷蔵庫で2〜3日保存可。

塩漬け

キャベツの重ね漬け

スモークサーモンのうまみが加わった、おかず漬け。
黄色いパプリカ、青じそも入れて彩りよく。

塩漬け

丸ごとトマトの塩水漬け

真っ赤に熟したトマトで作る、塩味のマリネ。
冷蔵庫で冷やして食べると美味。ミニトマトで作っても。

材料　作りやすい分量
トマト　4個(約600g)
にんにく　1かけ
A ｜ 水　1½カップ
　 ｜ 塩　大さじ1
　 ｜ 昆布茶　小さじ1

1 トマトはヘタをくりぬいて熱湯に5〜10秒入れて冷水に取り、皮をむく。にんにくは薄切りにする。
2 Aは小鍋に入れて煮立て、冷ます。
3 保存袋に1と2を入れ(写真a)、冷蔵庫に入れて一晩おく。
4 汁気を軽くきって器に盛る。
　＊冷蔵庫で2〜3日保存可。

a

【丸ごとトマトの塩水漬けで】
丸ごとトマトサラダ

材料　1〜2人分
丸ごとトマトの塩水漬け　1個
ベビーリーフ　適量
赤玉ねぎのみじん切り　大さじ1
オリーブオイル　大さじ½

1 トマトは十字に深く切り込みを入れる。
2 器にベビーリーフを敷き、1を盛って赤玉ねぎを散らし、オリーブオイルを回しかける。

野菜を漬ける……日々の漬けもの ｜ 19

a

b

c

d

みそ漬け

ミックスみそ漬け

3時間くらいなら浅漬け、
一晩以上ならしっかりした味に漬かります。
好みの加減を見つけるとよいでしょう。

材料　作りやすい分量

A｜みそ　1カップ
　｜みりん　大さじ4
　｜酒　大さじ4
　｜砂糖　大さじ2
にんじん　½本
ごぼう　1本
ブロッコリー　½個
とうもろこし　1本

1　みそ床を作る。材料はみそ、みりん、酒、砂糖(写真a)。ボウルにAを入れて泡立て器でよく混ぜる(写真b)。アルコールが苦手な人は、酒とみりんを小鍋に入れて煮立てて、アルコール分を飛ばしてから使う。

2　にんじんは皮をむく。

3　ごぼうは皮をタワシなどで洗い、保存容器に入る長さに切り、熱湯で6〜7分ゆで(写真c)、冷ます。ブロッコリーは小房に分けて熱湯にくぐらせ、水気を拭く。

4　とうもろこしは皮をむき、水にくぐらせてラップに包み、電子レンジで2〜3分全体に黄色が強くなるまで加熱する。4〜5cm長さに切る。

5　保存容器に1の半量を入れ、2〜4を並べ入れ、1の残りを加えて野菜を覆うようにする(写真d)。冷蔵庫に入れて3時間以上おく。

6　食べる分だけ取り出してみそをぬぐい、食べやすい大きさに切って器に盛る。

＊1日たったらみそを軽くぬぐってビニール袋に入れる。冷蔵庫で4〜5日保存可。

【漬かりすぎたみそ漬けは】

ちょっとしょっぱくなって食べにくくなったみそ漬けは、細かく刻んで小鉢に。ご飯にかけたり、冷奴にかけても。

> はちみつみそ漬け

夏野菜のはちみつみそ漬け

ほんのり甘くてコクがあって、食べやすいのが魅力。
シャキッとした食感の野菜がよく合います。

a

b

c

材料　作りやすい分量

A ｜ みそ(色が薄めの甘口)
　　　1カップ
　｜ 酒　大さじ4
　｜ はちみつ　大さじ2
セロリ　1本
生食用小かぼちゃ　½個(約200g)
ピーマン　3個

1　Aをボウルに入れて泡立て器でよく混ぜる(写真a)。アルコールが苦手な人は、酒を小鍋に入れて煮立てて、アルコール分を飛ばしてから使う。

2　セロリは筋を除いて保存容器に入る長さに切る。小かぼちゃは半分に切って種をスプーンで除く。ピーマンは半分に切って種とワタを除き、焼き網で強火で1分ほど片面のみ焼く(写真b)。

3　保存容器に1の半量を入れ、2を並べ入れ、1の残りを加えて野菜を覆うようにする(写真c)。冷蔵庫に入れて3時間以上おく。

4　食べる分だけ取り出してみそをぬぐい、食べやすい大きさに切って器に盛る。

＊1日たったらみそを軽くぬぐってビニール袋に入れる。冷蔵庫で3〜4日保存可。

はちみつみそ漬け

切り干し大根漬け

切り干し大根をおいしく食べるための、おかず漬けもの。
さきいかを一緒に漬けるのがポイントです。

材料　作りやすい分量
切り干し大根（乾）　50g
さきいか　30g
A｜みそ　大さじ2
　｜はちみつ　大さじ1

1　切り干し大根はたっぷりの水でもみ洗いし、新たにたっぷりの水に入れて10分ほどおいて戻す（写真a）。水気をギュッと絞る。
2　さきいかは食べやすい長さにちぎる。
3　ビニール袋にAを合わせ、1と2を加え（写真b）、手でもむ。空気を抜いて口を縛り、冷蔵庫に入れて30分以上おく。
4　食べる分だけ汁気を絞って器に盛り、好みで七味唐辛子（分量外）をふる。

＊冷蔵庫で5〜6日保存可。
＊ビニール袋をボウルに入れて作業するとやりやすい。

材料　作りやすい分量
アスパラガス　3本
さやいんげん　8〜10本
パプリカ(赤・黄)　各½個
揚げ油　適量
A｜めんつゆ(3倍濃縮タイプ)
　｜　大さじ3½
　｜水　1カップ

1　アスパラガスは根元のかたい部分の皮をピーラーでむき、3等分の長さに切る。さやいんげんはなリ口を切る。パプリカは縦4等分に切る(写真a)。
2　揚げ油を中温に熱し、1を入れ、ときどき混ぜながら1〜2分揚げ(写真b)、油をきる。
3　バットにAを合わせ、2が熱いうちに加える(写真c)。冷めたら保存容器に移し、冷蔵庫に入れて30分以上おく。
4　漬け汁ごと器に盛る。
＊冷蔵庫で2〜3日保存可。

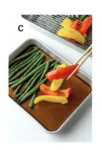

めんつゆ漬け

揚げ野菜のめんつゆ漬け

野菜を揚げるとうまみが増し、色も鮮やかに。
漬け汁に油のコクも加わって、飽きないおいしさです。

めんつゆ漬け
煎り大豆のめんつゆ漬け

煎り大豆は、焼き色がつくくらいまでさらに香ばしく炒るのが
おいしさのポイント。おやつにもおすすめです。

材料　作りやすい分量
煎り大豆　100g
A｜めんつゆ（3倍濃縮タイプ）
　　大さじ1½
　｜水　½カップ

1　Aは保存容器に入れて混ぜる。
2　フライパンに煎り大豆を入れ、焼き色がつくくらいまで炒る（写真a）。
3　熱いうちに1に加えてなじませ（写真b）、冷蔵庫に入れて30分以上おく。
4　食べる分だけ汁気をきって器に盛る。

＊冷蔵庫で3〜4日保存可。

だしじょうゆ漬け

玉ねぎのだしじょうゆ漬け

やわらかくて甘みのある新玉ねぎを使うのがおすすめ。
漬け時間が短いとシャキシャキ、
時間がたつにつれてとろっとして茶色くなります。

材料　作りやすい分量
玉ねぎ(できれば新玉ねぎ)　2個
赤唐辛子(種を除いてちぎったもの)
　1本
A ｜ だし汁　½カップ
　｜ しょうゆ　大さじ3
　｜ みりん　大さじ2

1　玉ねぎは皮をむき、耐熱容器に入れてラップをし(写真a)、やわらかくなるまで電子レンジで3〜4分加熱する。粗熱が取れたら半分に切る。
2　ビニール袋にAと赤唐辛子を入れ、1を加えて空気を抜いて口を縛り(写真b)、冷蔵庫に入れて3時間以上おく。
3　漬け汁ごと器に盛る。
　＊冷蔵庫で3〜4日保存可。

材料　作りやすい分量
小松菜　200g
にんじん　¼本
A ┃ みりん　大さじ1
　 ┃ しょうゆ　大さじ1
　 ┃ 塩　小さじ¼

1　小松菜は3〜4cm長さに切る(写真a)。にんじんは皮をむいて3〜4cm長さの短冊切りにする。
2　耐熱ボウルににんじん、小松菜の順に入れ、ラップをして電子レンジで1分30秒〜2分加熱する。まだ火が完全に通っていない状態で取り出し、余分な水分を捨て、Aを加えて混ぜる(写真b・c)。
3　ビニール袋に移し、空気を抜いて口を縛り(写真d)、冷蔵庫に入れて30分以上おく。
4　食べる分だけ汁気を軽くきって器に盛る。
＊冷蔵庫で3〜4日保存可。

しょうゆ漬け

小松菜とにんじんのしょうゆ漬け

青菜が食べたい！　そんなときのために作っておくと便利。
青梗菜などほかの青菜を使っても。

野菜を漬ける……日々の漬けもの｜27

しょうゆ漬け
松前漬け

するめと昆布を入れた簡素バージョン。
昆布の粘りが出るまで漬け込むのがポイント。

材料　作りやすい分量
にんじん　1本
するめ　小1枚(約40g)
昆布　10g
A｜酒　大さじ2
　｜みりん　大さじ1
　｜砂糖　大さじ½
　｜しょうゆ　大さじ2

1　にんじんは皮をむいて3〜4cm長さのせん切りにする。
2　昆布は酢(分量外)でぬらしたペーパータオルなどで両面を拭き(写真a)、5分ほどおいてやわらかくし、キッチンバサミで細く切る。するめは適当な長さに切ってから細く切り(写真b)、足も同じくらいの長さに切る。
3　ボウルに1と2を入れ、Aを加えてあえる(写真c)。
4　保存容器に移し、昆布から少し粘りが出るまで常温で2〜3時間おく(写真d)。
＊冷蔵庫で1週間ほど保存可。

しょうゆ漬け
簡単福神漬け

シャッキリとした歯ごたえと穂じその香りは自家製ならでは。
れんこんのいちょう切りをゆでて加えても。

材料　作りやすい分量
大根　300g
なす　2本
きゅうり　1本
穂じそ　2〜3本
A｜水　1½カップ
　｜塩　大さじ1
B｜しょうゆ　大さじ3
　｜砂糖　大さじ2
　｜酢　大さじ1

1　大根となすはいちょう切りにし、きゅうりは小口切りにする。穂じそは手で実をしごき落とす(写真a)。
2　1をビニール袋に入れてAを加え、空気を抜いて口を縛り、30分ほどおく。ビニール袋から水分を出し、水気をしっかりと絞る(写真b)。
3　ボウルにBを合わせ、2を加えて混ぜる(写真c)。保存容器に移し、冷蔵庫に入れて1時間以上おく(写真d)。野菜が漬け汁から出るようならラップで覆う。
4　食べる分だけ汁気をきって器に盛る。
＊冷蔵庫で1週間ほど保存可。

野菜を漬ける……日々の漬けもの | 29

しょうゆ漬け

あぶりたけのこの木の芽漬け

旬のたけのこでぜひ作りたい、春の香りの漬けもの。
やわらかい木の芽をたっぷり入れて仕上げます。

材料　作りやすい分量
たけのこ (ゆでたもの)　300g
木の芽　ひとにぎり(約3g)
A ┃ 薄口しょうゆ　大さじ2
　 ┃ だし汁　大さじ2
　 ┃ みりん　大さじ1

1. たけのこは根元の部分は薄い半月切りにし、穂先は縦薄切りにする。グリルまたは焼き網で焼き色がつくまで焼く(写真a)。
2. 木の芽は両手のひらにはさんでたたき、香りを出す。
3. 保存容器にAを合わせ、2の適量を入れ、1を熱いうちに加える(写真b)。上からも2を散らす(写真c)。冷めたら冷蔵庫に入れて1時間以上おく。
4. 食べる分だけ汁気をきって器に盛る。

＊冷蔵庫で3〜4日保存可。

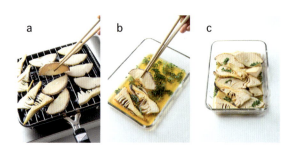

酢じょうゆ漬け
葉わさびの酢じょうゆ漬け

ピリッとした辛味がクセになる、春ならではの一品。
ご飯の友や酒の肴、お弁当の箸休めにもぴったりです。

材料　作りやすい分量
葉わさび　1束(約100g)
A ┃ しょうゆ　大さじ1
　 ┃ 酢　小さじ1
　 ┃ 砂糖　小さじ½
　 ┃ 塩　少々

1　葉わさびは熱湯に茎から入れ、さっとくぐらせる程度にゆで(写真a)、ザルに上げて水気をきる(写真b)。保存容器に入れ、香りと辛みを出すためにふたをし、冷めるまでおく(写真c)。
2　1を取り出して2㎝長さに切り、水気を絞る。
3　保存容器にAを合わせ、2を加えて混ぜる(写真d)。冷蔵庫に入れて1時間以上おく。
4　食べる分だけ汁気をきって器に盛る。

＊冷蔵庫で1週間ほど保存可。

【葉わさびの酢じょうゆ漬けで】
葉わさびカナッペ

材料　2人分
葉わさびの酢じょうゆ漬け　適量
クリームチーズ　適量
バゲットの薄切り　6枚

1　葉わさびの酢じょうゆ漬けは汁気をきって刻む。
2　バゲットをオーブントースターでカリッと焼き、クリームチーズをぬり、1をのせる。

辛子じょうゆ漬け
なすの辛子じょうゆ漬け

辛子じょうゆ漬け
菜の花の辛子じょうゆ漬け

なすは塩漬けにして水気をよく絞ってから漬けると味がなじみやすくなります。

材料　作りやすい分量
なす　3本
A｜水　1カップ
　｜塩　大さじ½
B｜練り辛子　小さじ½
　｜しょうゆ　大さじ1

1　なすはヘタを切り落とし、縦半分に切ってから斜め薄切りにする。
2　1をビニール袋に入れてAを加え、空気を抜いて口を縛り、15分ほどおく。軽くもんで水気をしっかりと絞る。
3　ボウルにBを合わせ、2を加えてあえ、ビニール袋に移して空気を抜いて口を縛り、冷蔵庫に入れて30分以上おく。
4　食べる分だけ汁気を絞って器に盛る。

＊冷蔵庫で3～4日保存可。
＊食べるときに汁気を絞るが、絞ってからはアクが出るので早めに食べる。

ほろ苦さのある菜の花と辛子じょうゆは好相性。つぼみの部分の水気をしっかり絞るのがポイント。

材料　作りやすい分量
菜の花　1束(約200g)
A｜練り辛子　小さじ1
　｜しょうゆ　大さじ2

1　菜の花は根元のかたい部分を1cmほど切り落とし、熱湯に茎のほうから入れてくぐらせる程度にゆでる。冷水に取ってザルに上げ、2cm長さに切って水気をしっかりと絞る。
2　ボウルにAを合わせ、1を加えてあえ、ビニール袋に移して空気を抜いて口を縛り、冷蔵庫に入れて1時間以上おく。
3　食べる分だけ汁気を絞って器に盛る。

＊冷蔵庫で3～4日保存可。

辛子じょうゆはちみつ漬け

長芋の辛子じょうゆはちみつ漬け

はちみつの甘さと風味が長芋にからまって美味。
シャキシャキ感を楽しみたいから棒状に切ります。

材料　作りやすい分量
長芋　12cm（約350g）
A｜しょうゆ　大さじ2
　｜練り辛子　小さじ1
　｜はちみつ　大さじ1

1　長芋は皮を少し残してむき、皮の部分を持って4cm長さに切り（写真a）、縦6〜8等分の棒状に切る。
2　ボウルにAのしょうゆと練り辛子を入れて溶き混ぜ、はちみつを少しずつ加えながら混ぜ合わせる（写真b）。
3　2に1を加えてあえる。
4　ビニール袋に移して空気を抜いて口を縛り、冷蔵庫に入れて2時間以上おく。

＊冷蔵庫で4〜5日保存可。
＊長芋は皮の部分を持って切ると、すべらずに切りやすい。

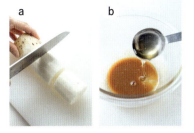

野菜を漬ける……日々の漬けもの

甘酢漬け
みょうがの甘酢漬け

熱湯でさっとゆで、
熱いうちに甘酢に漬けるのがコツ。
さわやかな酸味が食欲を刺激します。

材料　作りやすい分量
みょうが　10本
A｜酢　1カップ
　｜砂糖　大さじ3
　｜塩　小さじ½

1　みょうがは縦半分に切り、すき間に泥があったらよく洗って水気をきる。
2　ボウルにAを入れて混ぜておく。
3　鍋に湯を沸かし、1をくぐらせる程度に5秒くらい入れてザルに上げ(写真a)、水気をきる。すぐに2に入れて混ぜる(写真b)。
4　冷めたら保存容器に移し、常温で2〜3時間おいて味をなじませる。
5　食べる分だけ汁気をきって器に盛る。

＊冷蔵庫で2週間ほど保存可。
＊ボウル、保存容器とも、ガラス製など酸に強いものを使う。

甘酢漬け
かぶの甘酢漬け

作ってすぐに食べてもいいし、
数日たって味がなじんだ頃もおすすめ。
皮はむいてもむかなくてもOK。

材料　作りやすい分量
かぶ(小さめ)　6個(約400g)
A｜水　1カップ
　｜塩　大さじ1
B｜酢　½カップ
　｜水　½カップ
　｜砂糖　大さじ2½
　｜塩　小さじ⅓

1　かぶは茎を1〜2cm残して切り落とし、4つ割りにする。ビニール袋にAを入れ、かぶを加え(写真a)、空気を抜いて口を縛り、30分ほどおく(写真b)。
2　1の水気をギュッと絞ってボウルに入れる。
3　鍋にBを入れて煮立て、熱いうちに2に注ぐ(写真c)。ラップをぴったりとのせ(写真d)、粗熱が取れたら冷蔵庫に入れて30分以上おく。漬け汁ごと保存容器に移す。

＊冷蔵庫で1週間ほど保存可。
＊鍋、ボウル、保存容器とも、ホーロー製など酸に強いものを使う。
＊ビニール袋をボウルに入れて作業するとやりやすい。

野菜を漬ける……日々の漬けもの | 35

すし酢漬け

大根と干し柿の すし酢漬け

干し柿の甘さが加わることによって、
大根のおいしさが際立ちます。
かぶでも同様に作れます。

材料　作りやすい分量
大根　½本(約800g)
塩　大さじ½
干し柿　1個
すし酢　大さじ2

1. 大根は皮をむいていちょう切りにし、塩をまぶして15分ほどおく。水気をかたく絞る。
2. 干し柿は半分に切ってから薄切りにする。
3. ビニール袋に1と2を入れ、すし酢を加えて混ぜ、空気を抜いて口を縛り、冷蔵庫に入れて1時間以上おく。

＊冷蔵庫で3〜4日保存可。

すし酢漬け

せん切りじゃがいもの すし酢漬け

粒マスタードを入れるだけで、ちょっぴり洋風な感じ。
じゃがいもは水にさらすとシャキシャキ感が出ます。

材料　作りやすい分量
じゃがいも　2個(約300g)
A│すし酢　大さじ2½
　│粒マスタード　小さじ1

1. じゃがいもは皮をむいてスライサーでせん切りにする。水を2回ほど替えて10分ほど水にさらし、水気をよくきる。
2. 鍋に湯を沸かし、1をくぐらせる程度に5〜10秒入れてザルに上げ、水気をきる。
3. ビニール袋にAを合わせ、2が熱いうちに加えて混ぜ、空気を抜いて口を縛る。冷めたら冷蔵庫に入れて30分以上おく。

＊冷蔵庫で2〜3日保存可。

だしをとったあとの昆布、おろししょうがを酢漬けにしておくと便利

昆布の酢漬け

だしをとったあとの昆布を食べやすい大きさに切り、酢を入れた瓶に入れて漬けておきます。常に酢が昆布にかぶっているようにした状態なら常温保存でも大丈夫。数回分たまったら瓶から出して水気をきり、佃煮に。すでにゆでた状態なのですぐにやわらかくなり、酸味が効いていておいしい。＊冷蔵庫で3カ月保存可。

昆布の佃煮

昆布の酢漬け100g、水½カップ、みりん大さじ3、しょうゆ大さじ2、砂糖大さじ2を鍋に入れ、弱めの中火にかけ、焦がさないように注意しながら汁気がほとんどなくなるまで7〜8分煮る。

おろししょうがの酢漬け

少量のしょうがをその都度すりおろすのは面倒。そこでおすすめなのが酢漬け。時間のあるときにまとめてすりおろし、酢と塩に漬けておくだけ。分量は、しょうがのすりおろし大さじ4、酢½カップ、塩小さじ⅓の割合。ラーメンにかけたり、あえものやサラダのドレッシングに使ったりと重宝します。＊冷蔵庫で1カ月保存可。

わかめときゅうりのしょうがあえ

乾燥わかめ大さじ2は水で戻し、きゅうり1本は薄い小口切りにして軽く塩もみする。ともに水気を絞ってボウルに入れ、おろししょうがの酢漬けを汁ごと約大さじ2加えてあえる。

材料　作りやすい分量
なす　3本
ミントの葉　3g（軽くひとつかみ）
A ｜ 水　1カップ
　 ｜ 塩　大さじ½
B ｜ プレーンヨーグルト　1カップ
　 ｜ 塩　小さじ⅓
　 ｜ 粒マスタード　大さじ1

1. なすはヘタを切り落とし、7〜8mm厚さの輪切りにする。ビニール袋に入れてAを加え、空気を抜いて口を縛って30分ほどおく（写真a）。水気をかたく絞る。
2. ボウルにBを入れて泡立て器で混ぜ（写真b）、ミントと1を加え（写真c）、混ぜ合わせる。
3. 保存容器に移し、なすが漬け汁から出ないようにし（写真d）、冷蔵庫に入れて1時間ほどおく。

＊冷蔵庫で2〜3日保存可。
＊なすが漬け汁から出ていると変色してしまうので、その場合はラップをぴったりとのせてからふたをする。食べるときも直前に取り出す。
＊ビニール袋をボウルに入れて作業するとやりやすい。

a　　　　b

c　　　　d

【ヨーグルト漬け】

なすとミントのヨーグルト漬け

なすと相性のいいミントを使った、ちょっぴりエキゾチックな一品。カレーのつけ合わせにもおすすめ。

酒粕漬け

わさび漬け

わさびは熱湯にくぐらせて塩をまぶしてから使います。
わさびの食感が楽しめる、手作りならではのおいしさです。

材料　作りやすい分量
わさび　1本（80〜100g）
塩　小さじ⅓
A ｜ 酒粕　120g
　　｜ 砂糖　大さじ½
　　｜ みりん　大さじ2
　　｜ 塩　小さじ¼

1　わさびは根の皮を薄くこそげ取り、茎ごと粗みじん切りにする。ザルに入れ、熱湯にザルごとくぐらせて水気をきる（写真a・b）。
2　水気を絞って容器に入れ、塩を加えてまぶし、そのまま冷ます。
3　耐熱ボウルにAを入れ、ラップをして電子レンジで30〜40秒加熱し（写真c）、泡立て器でなめらかになるまで混ぜる。
4　2の水気を絞って3に加えて混ぜる（写真d）。保存容器に移し、冷蔵庫に入れて一晩おく。

＊冷蔵庫で10日ほど保存可。
＊一晩おいた後、味をみて塩分が足りなければ塩を足す。

a 　b 　c 　d

野菜を漬ける……日々の漬けもの

材料　作りやすい分量
しょうゆ麹
| 米麹　200g
| しょうゆ　2カップ
ゴーヤ　1本

1. しょうゆ麹を作る。米麹はほぐし(写真a)、保存容器に入れ、しょうゆを加えて混ぜる(写真b・c)。常温で1日1〜2回清潔なスプーンでかき混ぜる。4〜6日して米粒が手でつぶれ、味に甘みが出たらでき上がり(写真d)。冷蔵庫に入れて2〜3カ月で使いきる。
2. ゴーヤは縦半分に切ってワタと種をスプーンで除き、長さを半分に切る。
3. 焼き網を強火で熱し、2を切り口を上にしてのせる。1〜2分焼いて焼き色がついてきたら裏返し(写真e)、30秒ほど焼いて冷ます。
4. ビニール袋にしょうゆ麹大さじ4〜5を入れ、3を加え(写真f)、全体にからめる。空気を抜いて口を縛り、冷蔵庫に入れて30分ほどおく(写真g)。
5. 食べやすい大きさに切って器に盛る。

＊冷蔵庫で2〜3日保存可。
＊しょうゆ麹は、納豆や炒めものの味つけにも使える。
＊ビニール袋をボウルに入れて作業するとやりやすい。

しょうゆ麹漬け
あぶりゴーヤの しょうゆ麹漬け

自家製しょうゆ麹がおいしさのもと。ゴーヤのほか、きゅうり、大根など冷蔵庫にある野菜を漬けても。

じゃがいも漬け

かぶのじゃがいも漬け

じゃがいも、三温糖、塩で、甘めの漬け床を作ります。
かぶのほか、きゅうり、大根、にんじんなど、漬ける野菜はお好みで。

材料　作りやすい分量
じゃがいも床
　じゃがいも　500g
　三温糖　300g
　塩　200g
かぶ　3個
かぶの茎　100g

1　じゃがいも床を作る。じゃがいもは洗ってラップに包み、電子レンジで約4分加熱し、上下を返してさらに3〜4分、竹串がスッと通るまで加熱する。熱いうちに皮をむいてつぶし、三温糖と塩を入れてよく混ぜる(写真a・b)。保存容器や保存袋に移して冷蔵庫に入れておく。

2　かぶは茎を2cmほど残して切り、半割りにする。

3　ビニール袋に2、かぶの茎、じゃがいも床大さじ4を入れ、空気を抜いて口を縛り、冷蔵庫に入れて4〜6時間おく(写真c)。

4　食べる分だけ取り出し、かぶは半分に切り、茎は食べやすい長さに切って器に盛る。

＊冷蔵庫で3〜4日保存可。
＊食べるときは、じゃがいも床を完全に洗い流しても、少し残してもよい。
＊じゃがいも床は冷蔵庫に入れ、気がついたときに混ぜるだけで3カ月ほど使える。

a

b

c

材料　作りやすい分量

パンビール床
- 食パンまたはバゲット(なるべく砂糖や油を使っていないもの) 600g
- 塩　60g
- ビール(好みのもの) 1〜1½カップ

セロリ　½本
ラディッシュ　6本
きゅうり　1本

1. パンビール床を作る。パンは耳ごと細かくちぎり、またはフードプロセッサーで撹拌して細かくし、ボウルに入れる。
2. 1に塩を入れ、ビールを少しずつ加え(写真a)、練るように手で混ぜる(写真b)。粘土より少しやわらかいくらいが目安。パンのかたさによってビールの量を加減する。保存袋に移して冷蔵庫に入れておく。
3. セロリは筋を取って適当な長さに切る。葉があれば適当な長さに切る。ラディッシュは根元を少し切り、葉を3枚くらい残す。
4. 3ときゅうりを2のパンビール床に入れ、空気を抜いて口を閉じ、冷蔵庫に入れて4〜6時間おく(写真c)。
5. 食べる分だけ取り出し、食べやすい大きさに切って器に盛る。

＊冷蔵庫で2〜3日保存可。
＊パンビール床は冷蔵庫に入れ、気がついたときに混ぜるだけで3カ月ほど使える。

パンビール漬け

ミックス野菜の
パンビール漬け

パン、塩、ビールで漬け床を作り、野菜を漬け込みます。はじめはほんのりビールの風味、時間がたつとまろやかに。

a 　b 　c

野菜を漬ける……日々の漬けもの | 43

材料　作りやすい分量
白菜(できれば黄色い中心部分)
　　400g
しょうが　2かけ
赤唐辛子　1本
ごま油　大さじ½
A｜紹興酒　大さじ2
　｜酢　大さじ2
　｜黒酢　大さじ1
　｜しょうゆ　大さじ1
　｜砂糖　小さじ1
　｜花椒粉(ホワジャオフェン)　小さじ¼
　｜塩　小さじ¼

中華風漬け

ラーパーツァイ

中国の代表的漬けもの。白菜を炒めて味をからめ、冷ます間においしくなります。ご飯にもお酒にも！

1　白菜は、芯は5～6cm長さに切ってから縦7～8mm幅に切り(写真a)、葉はざく切りにする。しょうがは薄切りにし、赤唐辛子はちぎって種を除く。

2　フライパンにごま油を熱してしょうがと赤唐辛子を入れ、弱火で1分ほど炒めて香りを出し、白菜の芯を加えて強火で1分ほど炒める。

3　Aを混ぜ合わせて加え、白菜の葉を入れ(写真b)、しんなりするまでさらに1～2分炒める。保存容器に移し、30分以上おく。

＊冷蔵庫で1週間ほど保存可。

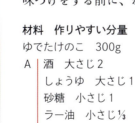

中華風漬け

メンマ風

ゆでたけのこと身近な調味料で作る、即席メンマ。
味つけをする前に、から炒りするのがポイントです。

材料　作りやすい分量
ゆでたけのこ　300g
A｜酒　大さじ2
　｜しょうゆ　大さじ1
　｜砂糖　小さじ1
　｜ラー油　小さじ1/3
　｜ごま油　小さじ1/3

1　ゆでたけのこは穂先は薄切りにし、根元の部分は短冊切りにする(写真 a)。

2　フライパンに1を入れて弱めの中火にかけ、少し乾いた感じになるまで4～5分、焦がさないようにから炒りする(写真 b)。

3　Aを加え、汁気がなくなるまで味をからめる(写真 c)。冷めたら保存容器に入れる。作ってすぐに食べられる。

＊冷蔵庫で4～5日保存可。

野菜を漬ける……日々の漬けもの　45

中華風漬け

枝豆の紹興酒漬け

枝豆が旬のときにぜひ作りたいクイック漬け。
紹興酒の香りとうまみで、一味違ったおいしさに。

材料　作りやすい分量
枝豆　1袋(約250g)
塩　小さじ1
A｜紹興酒　大さじ2
　｜しょうゆ　大さじ2

1　枝豆は漬け汁がしみやすいように両端を1cmほど切り落とす。洗って塩をまぶしてこすり、塩がついたまま鍋に入れ、水をひたひたに注いで火にかける。
2　煮立ったら弱火で1〜2分ゆで、食べてみてちょうどいいかたさになったらザルに上げ、水気をきる。
3　ボウルに入れ、Aを加えてからめ、冷めたらビニール袋に入れて空気を抜いて口を閉じ、常温で1時間以上おく(写真a)。
＊冷蔵庫で2〜3日保存可。

中華風漬け

オクラの豆板醤黒酢漬け

しょうゆのうまみと黒酢のまろやかな酸味、
そこに豆板醤のピリッとした辛味をプラス。

材料　作りやすい分量
オクラ　16〜20本
A｜黒酢　大さじ1
　｜しょうゆ　大さじ1
　｜豆板醤　小さじ½

1　オクラはガクを鉛筆を削るようにぐるりとむき、塩少々（分量外）を入れた熱湯に入れてくぐらせる程度にゆで、水気をきる。
2　ボウルに入れ、Aを加えてからめ、冷めたらビニール袋に入れて空気を抜いて口を閉じ、常温で1時間以上おく(写真a)。
＊冷蔵庫で3〜4日保存可。

即席ヤンニョム漬け

トマトのヤンニョム漬け

韓国の薬味だれ・ヤンニョムを使った浅漬け。
作ってすぐサラダ感覚で食べられるのが魅力です。

材料　作りやすい分量
トマト（かため。できればフルーツ
　トマト）　小4個（約300g）
万能ねぎ　2〜3本
A｜コチュジャン　大さじ1
　｜しょうゆ　小さじ1
　｜酢　小さじ1
　｜ごま油　小さじ1
　｜にんにくのすりおろし　小さじ½
　｜しょうがのすりおろし　小さじ½
　｜砂糖　小さじ½

1　トマトは6等分のくし形に切る。万能ねぎは3cm長さに切る。
2　ボウルにAを入れて混ぜ合わせ（写真a）、1を加えてあえる（写真b）。
3　保存容器に移し、冷蔵庫で15分以上おく。
　＊冷蔵庫で1〜2日保存可。

保存の漬けもの

材料　作りやすい分量
新にんにく　2個
しょうゆ　1カップ

1. にんにくは1かけずつに分け、皮をむく（写真a）。
2. 保存瓶に入れ、しょうゆを注ぐ（写真b）。にんにくがしょうゆから出ないように、足りなければ適宜しょうゆを足す。
3. 冷暗所（夏は冷蔵庫）で2週間ほどおく。
4. 食べる分だけ汁気をきって器に盛る。

＊冷暗所（夏は冷蔵庫）で1年以上保存可。

しょうゆ漬け

にんにくのしょうゆ漬け

にんにくは刻んで薬味や料理に、
にんにく風味のしょうゆは炒めものやたれに使えます。

【にんにくのしょうゆ漬けで】
豚しゃぶサラダ

材料　2人分
豚薄切り肉（しゃぶしゃぶ用）　120g
サニーレタス　大2枚
にんにくのしょうゆ漬け　1かけ
しょうゆ漬けの漬け汁　大さじ1

1. 鍋にたっぷりめの湯を沸かし、弱火にし、豚肉を1枚ずつ入れ、20〜30秒ゆでてザルに上げる。冷めたら半分に切る。
2. サニーレタスは一口大にちぎる。
3. にんにくのしょうゆ漬けは刻む。
4. **1**と**2**を合わせて器に盛り、**3**としょうゆ漬けの漬け汁をかける。

にんにくのしょうゆ漬けの漬け汁も捨てずに活用

茎わかめ（ゆでたもの）を食べやすい大きさに切り、にんにくのしょうゆ漬けの漬け汁に1日ほど漬けておくと、茎わかめのにんにく風味しょうゆ漬けの完成。葉わさびを漬けたり、プロセスチーズを漬けてもおいしい。

野菜を漬ける……保存の漬けもの　｜　49

材料　作りやすい分量
新しょうが　200g
A｜酢　1カップ
　｜砂糖　大さじ4
　｜塩　小さじ½

1　新しょうがはよく洗って小分けにし(写真a)、スライサーで薄切りにする(写真b)。
2　鍋に湯を沸かし、1を入れてくぐらせる程度にさっとゆで、ザルに上げて水気をきる(写真c)。
3　ボウルにAを合わせ、2が熱いうちに加えてなじませる(写真d)。冷めたら保存瓶に移し、冷蔵庫に入れて1時間以上おく。
4　食べる分だけ汁気をきって器に盛る。

＊冷蔵庫で半年ほど保存可。
＊ボウルはガラス製など酸に強いものを使う。

甘酢漬け

新しょうがの甘酢漬け

おすしにつきもののガリです。手作りすると
自然のやさしい色に。砂糖の量は好みで加減してOKです。

【新しょうがの甘酢漬けで】
干ものときゅうりの混ぜずし

材料　2人分
新しょうがの甘酢漬け　40g
あじの干もの　1枚
きゅうり　½本
ご飯(温かいもの)　1合分(約340g)
甘酢漬けの漬け汁　大さじ2
白炒りごま　小さじ1

1　新しょうがの甘酢漬けは汁気を絞って5mm幅に刻む。干ものはグリルまたは焼き網で焼き、骨を除いて粗くほぐす。きゅうりは小口切りにする。
2　ご飯に甘酢漬けの漬け汁を加えて混ぜてすし飯を作り、1とごまを加えてさっくりと混ぜる。

【新しょうがの甘酢漬けで】
豚巻き照り焼き

材料　2人分
新しょうがの甘酢漬け　80g
豚ロース薄切り肉　6枚
サラダ油　小さじ1
A｜酒　小さじ1
　｜砂糖　小さじ1
　｜しょうゆ　小さじ1

1　新しょうがの甘酢漬けは汁気を絞る。豚肉を1枚ずつ広げ、新しょうがを等分にのせ、手前から奥に向かってしっかりと巻く。
2　フライパンにサラダ油を熱し、1を巻き終わりを下にして並べ入れ、ときどき転がしながら3〜4分焼く。
3　Aを混ぜて加え、汁気がなくなるまで1〜2分味をからめる。
4　半分に切って器に盛り、青じそ(あれば。分量外)を添える。

野菜を漬ける……保存の漬けもの　51

> 塩漬け

実山椒の塩漬け

旬の時期に塩漬けにしておくと、
一年中使えます。
料理に用いるほか、おしるこなど
甘味のつけ合わせにも。

> しょうゆ漬け

実山椒の
しょうゆ漬け

実山椒のピリリとした辛さと香りを
しょうゆ漬けにして楽しみます。
一年中使えます。

実山椒の塩漬け

材料　作りやすい分量
実山椒　100g
塩　100g

1. 実山椒は1粒ずつ軸から取り(写真a)、洗う。
2. 鍋に湯を沸かし、1を入れて3分ほどゆで(写真b・c)、ザルに上げ、水に30分ほどさらす(写真d)。これを3回繰り返し、苦みを取る。
3. 保存瓶に⅓量の塩を入れ(写真e)、水気をきった実山椒を入れ、残りの塩を加えて全体を覆う(写真f・g)。冷暗所で2~3日おく。

＊冷暗所で1年ほど保存可。常に塩で覆った状態にする。
＊塩がきつい場合は水につけて好みの塩気にする。

実山椒のしょうゆ漬け

材料　作りやすい分量
実山椒　100g
しょうゆ　1カップ

1. 実山椒は1粒ずつ軸から取り(写真a)、洗う。
2. 鍋に湯を沸かし、1を入れて3分ほどゆで(写真b・c)、ザルに上げ、水に30分ほどさらす(写真d)。これを3回繰り返し、苦みを取る。
3. 水気をきって保存瓶に入れ、しょうゆを注ぐ(写真h)。冷暗所で2~3日おく。

＊冷暗所で1年ほど保存可。

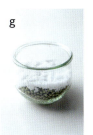

【実山椒の塩漬けで】
白身魚のカルパッチョ

材料　2人分
白身魚の刺し身(鯛など)　1さく
実山椒の塩漬け　小さじ½
オリーブオイル　大さじ½

1. 白身魚はそぎ切りにする。
2. 実山椒の塩漬けは、まわりについている塩もそのまま刻む。
3. 器に1を並べ、2を散らし、オリーブオイルを回しかける。

【実山椒のしょうゆ漬けで】
山椒冷奴

材料　2人分
実山椒のしょうゆ漬け　小さじ1
しょうゆ漬けの漬け汁　大さじ½
絹ごし豆腐　1丁

1. 実山椒のしょうゆ漬けは刻む。
2. 豆腐を好きな大きさに切って器に盛り、1をのせ、漬け汁をかける。

＊温奴や湯豆腐のたれに使っても。

甘酢じょうゆ漬け

きゅうりのカリカリ漬け

きゅうり1kgで作っても、
カサが減るので、あっという間に売り切れ。
太めのきゅうりを使うのがおすすめです。

材料　作りやすい分量

きゅうり　1kg（約10本）
塩　大さじ2
塩昆布　⅓カップ
しょうが　20g
A ｜ しょうゆ　大さじ2
　｜ 砂糖　50g
　｜ 酢　大さじ4
　｜ 赤唐辛子の小口切り　少々
白炒りごま　大さじ1

1　きゅうりは2〜3mm厚さの小口切りにし、ボウルに入れ、塩を全体にまぶす（写真a）。
2　2kgの重し（きゅうりの重量の2倍）をして常温で一晩（6〜8時間）おく（写真b）。
3　重しを取り（写真c）、ザルに上げて水気をきる（写真d）。絞ると歯ごたえが悪くなるのでそのまま。
4　塩昆布はキッチンバサミで短く切る。しょうがはみじん切りにする。
5　フライパンにAを入れて煮立て、3を入れ（写真e）、強めの中火で汁気がなくなるまで5〜6分混ぜながら煮る（写真f）。
6　塩昆布としょうが、ごまを加えて混ぜる（写真g）。冷めたら保存容器に移す。

＊冷蔵庫で2カ月ほど保存可。

a 　b 　c 　d

e 　f 　g

野菜を漬ける……保存の漬けもの | 55

ピクルス
ミックスピクルス
酸味が控えめで食べやすい、
スティック野菜のピクルス。
長く保存したい場合は
酢と水を同量にします。

ピクルス
しょうゆピクルス
根菜を漬け込んだ、
和風テイストのピクルスです。
酸っぱいのが好きな人は
酢の分量を多くします。

ミックスピクルス

材料　作りやすい分量
- きゅうり　2本
- セロリ　1本
- パプリカ(赤・黄)　各½個
- A
  - 酢　1カップ
  - 水　1½カップ
  - 砂糖　大さじ2
  - 塩　大さじ½
  - ローリエ　1枚
  - 黒粒こしょう　小さじ1
  - 赤唐辛子　1本

1. きゅうりとセロリは保存瓶の高さに合わせて切り、きゅうりは縦半割りにし、セロリは棒状に切る。パプリカは縦に棒状に切る。
2. 保存瓶に1を詰める。
3. 鍋にAを入れてひと煮立ちさせ(写真a)、2に注ぎ入れる(写真b)。冷めるまでおく。

＊冷蔵庫で10日ほど保存可。
＊鍋、保存容器とも、ホーローやガラス製など酸に強いものを使う。

しょうゆピクルス

材料　作りやすい分量
- れんこん　100g
- にんじん　½本
- 長芋　150g
- ごぼう　100g
- A
  - しょうがの薄切り　20g
  - 水　1½カップ
  - 酢　½カップ
  - しょうゆ　大さじ3
  - 砂糖　大さじ2

1. れんこん、にんじんは皮をむいて7～8mm厚さの輪切りにする。大きいものは半月切りにする。長芋は直火でひげを焼き、皮つきのまま同様に切る。ごぼうは皮をタワシなどで洗い、斜め4cm長さに切る。
2. 鍋に湯を沸かして酢適量(分量外。水4カップに対して酢大さじ2)を入れ、ごぼうを入れて5～8分ゆで、れんこんを加えて1分ゆでる(写真a)。ともにザルに上げて水気をきり、冷ます。
3. 保存瓶に2、にんじん、長芋を詰める。
4. 鍋にAを入れてひと煮立ちさせ、3に注ぎ入れる(写真b)。冷めるまでおく。

＊冷蔵庫で8日ほど保存可。
＊鍋、保存容器とも、ホーローやガラス製など酸に強いものを使う。

a b

a

b

野菜を漬ける……保存の漬けもの

> ピクルス

ビーツのはちみつピクルス

ビーツをピクルスにすると漬け汁まで色鮮やか。
りんごを一緒に漬け込んでフルーティーに仕上げます。

材料　作りやすい分量
ビーツ　1個(約400g)
りんご　1個
A｜水　1½カップ
　｜白ワインビネガー　½カップ
　｜はちみつ　大さじ2
　｜塩　大さじ½

1. ビーツはよく洗い、皮つきのまま丸ごと鍋に入れ、たっぷりの水からゆでる。40分〜1時間して竹串がスッと通るようになったら取り出し、皮をむく(写真a)。さっと洗って1cm厚さのいちょう切りにする(写真b)。
2. りんごは皮つきのまま洗い、種を取ってビーツと同じくらいの大きさに切る。
3. 保存瓶に1と2を詰める。
4. 鍋にAを入れ(写真c)、ひと煮立ちさせ、3に注ぎ入れる(写真d)。冷めるまでおく。
5. 食べる分だけ汁気をきって器に盛る。

＊冷蔵庫で8日ほど保存可。
＊鍋、保存容器とも、ホーローやガラス製など酸に強いものを使う。

塩水漬け

さやいんげんの泡菜(パオツァイ)

泡菜は水と塩で発酵させた漬けもので、中国ではポピュラー。ここではさやいんげんで作ります。

材料　作りやすい分量
さやいんげん　400g
A｜水　5カップ
　｜塩　40g
　｜花椒(ホワジャオ)　小さじ1
　｜赤唐辛子　1本

1　さやいんげんは熱湯に入れ、くぐらせる程度にさっとゆで、ザルに上げて冷ます(写真a)。
2　鍋にAを入れてひと煮立ちさせ(写真b)、冷ます。
3　保存容器に水気をきった1を入れ、2を注ぎ入れる(写真c)。常温で4〜5日おく。だんだん発酵してくるので、味をみて酸味が出たら冷蔵庫に入れる。
4　食べる分だけ汁気をきって器に盛る。

＊冷蔵庫で2週間ほど保存可。

a

b

c

【さやいんげんの泡菜で】

ひき肉の泡菜炒め

材料　2人分
さやいんげんの泡菜　100g
豚ひき肉　150g
ゆでたけのこ　80g
ごま油　小さじ1
にんにくのみじん切り　½かけ分
豆板醤　小さじ½
A｜酒　大さじ1
　｜しょうゆ　小さじ½

1　さやいんげんの泡菜は1cm幅に切り、たけのこは6〜7mm角に切る。
2　フライパンにごま油を熱してにんにくと豆板醤を炒め、ひき肉を加えてさらに炒める。
3　1を加えて炒め合わせ、Aをふり、汁気がなくなるまでさらに炒める。

野菜を漬ける……保存の漬けもの｜59

ザワークラウト

ザワークラウト

好みの酸味になるまで常温でおき、
そのあと冷蔵庫に入れると発酵がゆっくりになります。
キャラウェイシードがアクセント。

材料　作りやすい分量

キャベツ　600g
A｜塩　大さじ1
　｜白ワイン　大さじ2
　｜キャラウェイシード　小さじ1

1　キャベツは1枚ずつにし、2〜3mm幅のせん切りにしてボウルに入れる（写真a）。
2　Aを順に加えて混ぜ（写真b・c）、ラップをして平らな皿などをのせ、キャベツの重量の2倍くらいの重しをし（写真d）、常温で半日ほどおく。
3　2を汁ごと保存瓶に移し（写真e・f）、常温で3〜4日おく。発酵して酸味が出てくるまで1日1回混ぜる。
4　味をみて好みの酸味になったら冷蔵庫に移す。
5　食べる分だけ汁気を絞って器に盛る。
＊冷蔵庫で1カ月ほど保存可。

 a  b  c  d  e  f

【ザワークラウトで】

ザワークラウトと
ソーセージの煮込み

材料　2人分

ザワークラウト　300g　　　白ワイン　½カップ
玉ねぎ　½個　　　　　　　A｜水　2½カップ
ベーコン　3枚　　　　　　 ｜塩、こしょう　各少々
ソーセージ（長いもの）　4本　フレンチマスタード　適量
サラダ油　大さじ½

1　玉ねぎは薄切りにし、ベーコンは2cm幅に切る。
2　鍋にサラダ油を熱して玉ねぎを入れ、しんなりするまで2〜3分炒める。
3　ベーコンとザワークラウトを加えて軽く炒め合わせ、ソーセージと白ワインを加えて煮立て、汁気が半量くらいになるまで2分ほど煮詰める。
4　Aを入れ、煮立ったら弱めの中火にし、ふたをしないで水分を飛ばしながら12〜13分煮る。
5　器に盛り、マスタードを添える。

野菜を漬ける……保存の漬けもの

オイル漬け

いろいろきのこのオイル漬け

香りや食感の違うきのこを数種類取り合わせて
作るのがポイント。炒めものやパスタにも使えます。

a  b  c  d  e

材料　作りやすい分量
- しめじ　大1パック(200g)
- まいたけ　大1パック(200g)
- えのきだけ　大1袋(200g)
- しいたけ　1パック(150g)
- にんにくの薄切り　1かけ分
- 塩　小さじ1
- 白ワイン　大さじ2
- 粗びき黒こしょう　少々
- A │ オリーブオイル　1カップ
  　│ サラダ油　1カップ

1　しめじとまいたけは根元を切り落として食べやすい大きさにさく。えのきだけは根元を切り落として半分に切ってほぐす。しいたけは石づきを取って5～6等分の薄切りにする。

2　大きめのフライパンに1を入れ、にんにくを散らして塩をふり(写真a)、ざっと混ぜて白ワインをふる(写真b)。

3　ふたをして2～3分火にかけ(写真c)、きのこが少ししんなりして水気が出てきたらふたを取り、全体にぷりっとするまで上下を返しながら混ぜる(写真d)。火を止めてこしょうをふる。

4　保存容器に移し、Aを注ぎ入れ(写真e)、きのこがオイルに浸かる状態にする。冷めたら冷蔵庫に入れて2～3時間おく。

＊冷蔵庫で10日ほど保存可。
＊油はオリーブオイルだけより、サラダ油も入れたほうが冷蔵庫でかたまりにくい。

【いろいろきのこのオイル漬けで】

きのこのブルスケッタ

材料　2人分
いろいろきのこのオイル漬け　適量
バゲットの薄切り　4枚

1　バゲットは斜め薄切りにしてオーブントースターで軽く焼く。

2　1に、いろいろきのこのオイル漬けをのせる。

オイル漬け
焼き野菜のバルサミコオイル漬け

バルサミコ酢の甘さとコクで
おいしさアップ。
フレッシュバジルの香りが
アクセントです。

オイル漬け
たたききゅうりの長ねぎオイル漬け

きゅうりはただ切るより、
たたいたほうが味が
よくなじんで
おいしくなります。

材料　作りやすい分量
パプリカ(赤・黄)　各1個
ズッキーニ　2本
バルサミコ酢　大さじ2
塩　小さじ2
オリーブオイル　1½カップ
バジル　8〜10枚

1　パプリカは縦12等分にし、グリルまたは焼き網に皮目を下にしてのせ、真っ黒になるまで強めの中火で5〜6分焼き、ひっくり返してさらに1分ほど焼く(写真a)。粗熱を取って皮をむく。
2　ズッキーニは7〜8mm厚さの輪切りにし、グリルまたは焼き網で強めの中火で片面3〜4分ずつ焼く。
3　ボウルに1と2を入れ、バルサミコ酢と塩を加えて混ぜる(写真b)。
4　保存瓶に3とちぎったバジルを交互に入れ(写真c)、オリーブオイルを注ぐ(写真d)。3のボウルに残った汁も入れ、常温で2〜3時間おく。
5　食べる分だけオイルをきって器に盛る。
＊冷蔵庫で1週間ほど保存可。

 a  b  c  d

材料　作りやすい分量
きゅうり　4本
長ねぎ　1本
ごま油　大さじ2
塩　大さじ½
太白ごま油またはサラダ油
　1½カップ

1　長ねぎは粗みじん切りにする。ごま油とともにフライパンに入れ、弱めの中火で2〜3分炒めて香りを出す(写真a)。
2　きゅうりはすりこ木などでたたいてひびを入れ(写真b)、1.5cm幅に切る。
3　ボウルに1と2を入れ、塩を加えて全体にまぶすようにして混ぜる。
4　保存瓶に移して太白ごま油を注ぎ(写真c)、常温で2〜3時間おく。
＊冷蔵庫で1週間ほど保存可。

 a b

 c

野菜を漬ける……保存の漬けもの

キムチ

白菜キムチ

手作りのキムチはフレッシュ感があって飽きないおいしさ。
少しずつ酸味が出るので、酸味が苦手な人は早めに食べます。

材料　作りやすい分量

白菜　小1株(約2kg)
A │ 塩　150g
　 │ 水　½カップ
大根　½本(約800g)
塩　大さじ2
韓国唐辛子粉(中びき)　100〜120g
B │ 水　¾カップ
　 │ 上新粉　大さじ2

ニラ　50g
長ねぎ　½本
万能ねぎ　50g
いかの塩辛　50g
アミの塩辛　80g

C │ しょうがのすりおろし　1かけ分
　 │ にんにくのすりおろし　3かけ分
　 │ りんごのすりおろし　1個分
　 │ ナンプラー　大さじ6
　 │ 砂糖　大さじ1
　 │ 昆布茶　小さじ1

1 白菜は縦4等分にし、Aの塩を根元のほうを中心にていねいに1枚ずつ均等にふる。	2 ボウルに入れ、Aの水を回しかけ、白菜の重量の4倍の重しをし、一晩（8～10時間）おく。途中、4～5時間したら上下を返す。	3 2がしんなりしたら、根元を中心によく洗う。食べてみて白菜漬けくらいの塩分がベスト。	4 水気をしっかりと絞る。根元の部分を上にして、上から下へと絞っていくとよい。	5 ヤンニョムを作る。大根は薄い輪切りにしてから細切りにし、塩をふって30分おき、水気をかたく絞る。ボウルに入れ、唐辛子粉の半量を加える。

6 手（できればビニール製手袋をする）で混ぜて30分ほどおく。発色がよくなる。	7 小鍋にBを入れて混ぜてから火にかけ、とろみがついたら火を止めて冷ます。	8 ニラと万能ねぎは3cm長さに切り、長ねぎは半分に切ってから斜め薄切りにする。いかの塩辛は粗く刻む。	9 6のボウルに7、8のいかの塩辛、C、アミの塩辛、残りの唐辛子粉を少し残して入れ、混ぜ合わせる。	10 8のニラ、万能ねぎ、長ねぎを加え、混ぜ合わせる。これでヤンニョムの完成。

11 白菜にぬる前に、白菜の芯に近い葉を少し切り取り、ヤンニョムをのせて味と辛さをみて、残しておいた唐辛子粉で調節する。	12 4の白菜の水気を再度絞り、1枚ずつ11をぬりつける。根元にたまる感じにするとよい。	13 全部の葉にぬり終えたら、白菜を半分に折り、一番外の葉で包むようにする。	14 保存容器にきっちりと詰め、常温で2日ほどおき、その後冷蔵庫に入れる。食べるときに切り分けて器に盛る。	＊冷蔵庫で1カ月以上保存可。 ＊残ったヤンニョムは塩漬けの野菜（キャベツ、きゅうりなど）と混ぜれば即席キムチになる。

野菜を漬ける……保存の漬けもの

【白菜キムチで】
豚キムチ炒め

材料　2人分
白菜キムチ　150g
豚細切れ肉　150g
玉ねぎ　¼個
なす　2本
サラダ油　大さじ1
ごま油　小さじ1
A｜酒　大さじ1
　｜しょうゆ　少々

1　白菜キムチはざく切りにする。玉ねぎは5mm幅の薄切りにする。なすはヘタを取って縦半分に切り、斜め1cm幅に切る。
2　フライパンにサラダ油を熱してなすを入れ、しんなりするまで2〜3分炒めて取り出す。
3　2のフライパンにごま油を足し、豚肉と玉ねぎを強めの中火で炒め、豚肉が白っぽくなったら白菜キムチを加え、さらに1分ほど炒める。
4　2を戻し入れ、Aをふり、さらに1分ほど炒めてなじませる。

【白菜キムチで】
キムチそうめん

材料　2人分
白菜キムチ　200g
キムチの汁　50g
A｜水　1カップ
　｜鶏ガラスープの素　小さじ1
そうめん　3束
ごま油　小さじ½

1　鍋にAを入れてひと煮立ちさせ、ボウルに移して冷まし、キムチの汁を加える。ボウルの底を氷水を当てて冷やしておく。
2　白菜キムチは1〜2mm幅の細切りにする。
3　そうめんは表示通りにゆでて冷水で締め、水気をきる。
4　器に3を適量ずつ盛り、それぞれ白菜キムチをのせ、1をかけてごま油をたらす。

キムチ

カクテキ

カクテキは大根のキムチのこと。シャッキリ感が身上。
甘くなった冬の大根で作るのがおすすめです。

材料 作りやすい分量
大根　大1本(約1.6kg)
塩　大さじ3
韓国唐辛子粉(中びき)　50g
A｜にんにくのすりおろし　3かけ分
　｜しょうがのすりおろし　1かけ分
　｜りんごのすりおろし　½個分
　｜アミの塩辛　30g
　｜砂糖　大さじ2
　｜ナンプラー　大さじ2〜3
　｜昆布茶　小さじ½

a

b

c

1　大根は2.5〜3cm角に切り、塩をまぶして1時間おく。水気をかたく絞り(写真a)、半量の唐辛子粉をまぶして15分ほどおく(写真b)。
2　1にAを加え、残りの唐辛子粉を少し残して加え、手で(できればビニール製手袋をする)よく混ぜる(写真c)。味と辛さをみて、残しておいた唐辛子粉、ナンプラー(分量外)で調節する。
3　保存容器に移し、常温で冬は2〜3日、夏は1〜2日おく。その後冷蔵庫に入れる。

＊冷蔵庫で1カ月以上保存可。
＊漬けるときは少し塩気をきつくしておく。時間がたつと大根から水分が出てなじむ。

野菜を漬ける……保存の漬けもの

> キムチ

かぶのたらこキムチ

たらこのおいしさとうまみを利用したお手軽キムチ。
奥行きのある味で、かぶのおかずとしても楽しめます。

a b

材料　作りやすい分量
かぶ　6個(600〜700g)
かぶの葉　100g
塩　約20g(かぶの重量の3％)
たらこ　½腹(約70g)
長ねぎ　½本
A│韓国唐辛子粉(中びき)
　　　大さじ1½
　│ナンプラー　大さじ1
　│砂糖　大さじ½
　│しょうがのすりおろし　小さじ½
　│にんにくのすりおろし　小さじ½
　│昆布茶　小さじ⅓

1　かぶは6〜8等分のくし形に切り、葉は3㎝長さに切る。ビニール袋に入れ、塩を加えて混ぜ、空気を抜いて口を縛り、3時間ほどおく(写真a)。
2　たらこは5㎜幅に切る。長ねぎは斜め薄切りにする。
3　ボウルにAを入れて混ぜ合わせ、2を加えて混ぜる(写真b)。
4　1のかぶの水気をしっかりと絞り、3に加えて混ぜる。保存容器に移し、常温で1日おく。その後冷蔵庫に入れる。

＊冷蔵庫で1週間ほど保存可。

材料 作りやすい分量
白菜 200g
大根 200g
にんじん ½本
塩 大さじ2
A │ 水 4カップ
　　韓国唐辛子粉(中びき) 大さじ½
　　しょうがのすりおろし 小さじ½
　　にんにくのすりおろし 小さじ½
せり 20g

1　白菜は一口大のそぎ切りにし、葉はざく切りにする。大根は5mm厚さのいちょう切りにする。にんじんは5mm厚さの輪切りにし、大きいものは半月切りにする。ボウルに入れて塩をふって混ぜ、2時間ほどおく。
2　別のボウルにAを入れて混ぜ、15分ほどおく。
3　保存容器に1を汁ごと入れ(写真a)、2を茶漉しで漉しながら加える(写真b)。酸味が少し出るまで常温で1〜3日おく。
4　せりを3cm長さに切って加え(写真c)、冷蔵庫に入れて2〜3時間おく。

＊冷蔵庫で1週間ほど保存可。

キムチ
水キムチ

うまみはあるのに、すっきりとした食べ心地。
漬け汁もおいしいので、汁ごといただきます。

野菜を漬ける……保存の漬けもの | 71

昔ながらの漬けものを完全マスター

ぬか漬け

浅漬けも古漬けもおいしい日本の漬けもの、ぬか漬け。
ぬか床の発酵を促すほどよい気温の初夏が、一番の作りどきです。

野菜を漬ける……昔ながらの漬けものを完全マスター | 73

ぬか床を作る

材料　作りやすい分量
炒りぬか　1kg
A｜水　5カップ
　｜塩　150g
粉辛子　大さじ2
昆布　5cm
にんにく　1かけ
赤唐辛子　1本

1
鍋にAを入れてひと煮立ちさせ、火を止める。

2
そのまま冷ます。

3
ボウルに炒りぬかを入れ、2を少しずつ加えて混ぜ、粘土より少しやわらかな感じになるまで混ぜる。

4
粉辛子を加えて混ぜる。

5
保存容器に移し、途中、昆布、にんにく、赤唐辛子も入れる。

6
表面を手のひらでたたいてならす。

7
捨て漬け用野菜(分量外。キャベツやにんじんなど)を入れて1〜2日おいて取り出す。これを3〜4回くり返す。最初はかなり塩気があるが、そのうちにぬかの風味が増しておいしくなる。

8
ふたをして冷暗所におき、冬は1日1回、夏は朝晩2回、底から混ぜる。

野菜の下ごしらえ

ガクやヘタがあるものは切り落とす。比較的小ぶりの野菜は丸のまま漬けるのが基本。

味がしみにくい根菜類、大きい野菜は2～4つ割りにする。皮はむいてもむかなくても好みでよい。

きゅうりなど表面に凹凸がある野菜、変色防止や急ぐときなどは、表面に塩適量をすり込んでから漬ける。

いろいろと漬けてみる

＊いずれも、食べるときにぬか床から取り出してさっと洗い、食べやすい大きさに切り分ける。

●きゅうり
表面に塩適量をすり込んでから漬ける。冬は8～10時間、夏は5～6時間が目安。

●なす
ヘタを切り落とし、塩適量をすり込んでから漬ける。冬は1日半、夏は1日が目安。

●にんじん
丸ごとだと時間がかかるので、縦半割りにして漬ける。皮は好みで。冬は1日、夏は10時間が目安。

●大根
丸ごとだと時間がかかるので、縦4つ割りにして漬ける。皮は好みで。冬は1日、夏は10時間が目安。

●かぶ
皮はきれいならそのまま、葉は長めに切る。冬は1日、夏は10時間が目安。葉は半分の時間で漬かる。

●じゃがいも
皮つきのままラップをし、1個につき約3分レンジ加熱して火を通し、冷めたら皮つきのまま漬ける。冬は1日が目安、夏は日持ちしないので避ける。

●すいかの皮
なるべく皮が厚めのものを選び、漬けやすい大きさに切って外皮はむく。冬は8～10時間、夏は5～6時間が目安。

●りんご
半分に切って皮つきのまま漬ける。冬は8～10時間、夏は5～6時間が目安。

●干ししいたけ
p.76で、ぬか床が水っぽくなったときに入れておいた干ししいたけも、ぬか漬けになる。冬は1日、夏は10時間が目安。

ぬか床の手入れ

毎日かき混ぜる

冬は1日1回、夏は朝晩2回が基本。いずれも底からかき混ぜて、全体に空気に触れさせるようにする。これが発酵を促すポイント。野菜を入れていない日も行うと、カビ防止になる。

保存容器はきれいに

ぬか床をかき混ぜたあとは表面を手のひらでならし、まわりについたぬかはカビの原因になるのでこまめに拭き取る。きつく絞ったぬれ布巾やペーパータオルを使うとよい。

ぬか床から水分が出てきたら

野菜を漬け続けているとだんだん水分が出てくるが、そんなときはペーパータオルで水気をおさえるとよい。また、干ししいたけを入れると余分な水分を吸い取ってくれるうえ、ぬか漬けとして食べることができる(p.75参照)。

ぬか床がゆるくなったら

炒りぬか適量と腐敗防止に赤唐辛子を入れ、粘土よりやわらかめになるまで調整する。一度野菜を漬けてみて、漬かりにくい場合は塩を足す。

家を留守にするときは

夏は2日以上、冬は3〜4日以上家を留守にするときは、表面に塩をたっぷりめにふり、冷蔵庫に入れる。再び使うときはぬか床の上部を塩ごと取り除き、底からよく混ぜる。

長期間漬けないときは

10日以上留守にしたり、ワンシーズンお休みするときは、保存袋に移して平らにし、口をしっかりと閉じ、冷凍庫へ。特に夏は傷みやすいので冷凍保存がおすすめ。再び使うときは自然解凍するだけで使える。

【ぬか漬けで】
ぬか漬けサラダ

材料　2人分
ぬか漬け（好みのもの）　200gくらい
ちりめんじゃこ　5g
白炒りごま　小さじ1
太白ごま油　小さじ1

1　ぬか漬けは食べやすい大きさに切り、ボウルに入れる。
2　1にちりめんじゃこ、ごま、太白ごま油を加えてざっくりと混ぜる。

【ぬか漬けで】
古漬けご飯

材料　2人分
きゅうりの古漬け　1本
なすの古漬け　1本
しょうがのすりおろし　小さじ1
しょうゆ　少々
ご飯　適量

1　古漬けは小口切り、または刻む。水につけ、塩分が少し残るくらいまでおいて塩を抜く。
2　1の水気をギュッと絞ってボウルに入れ、しょうが、しょうゆを加えて混ぜる。冷蔵庫で2〜3日保存可。
3　ご飯にのせる。

白菜漬け

1株で作るから、思ったより気軽。
漬ける前に天日に干すと
余分な水分が抜けてうまみが凝縮し、
おいしくなります。

材料　作りやすい分量
白菜　小1株(約2kg)
下漬け用塩　約60g（白菜の重量の3％）
本漬け用塩　約12g（下漬け白菜の重量の0.5％）
昆布　5〜6cm
赤唐辛子　1本

1

白菜は縦4等分にして洗い、盆ザルなどに切り口を上にしてのせ、3時間ほど天日に干す。

2

中心が少しそり返ったら干し上がりの目安。重さを量り、下漬け用の塩を用意する。

3

下漬けをする。白菜の根元のほうを中心にていねいに1枚ずつ塩をふる。すべて均等にふる。

4

ボウルにギュッと詰めてラップをし、白菜の重量の2倍の重しをする。重い鍋もしくは袋入りの砂糖やペットボトルを使うとよい。一晩（8〜10時間）おく。

5

重しを取り、水が上がって白菜がひたひたに浸かっているのを確認する。

6

根元の部分を上にして、上から下へと軽く水気を絞る。重さを量り、重量の0.5％の塩を用意する。

7

本漬けをする。白菜の根元のほうを中心に、下漬けのときと同様に1枚ずつ塩をふる。

8

漬けもの容器に葉先と根元が交互になるように入れ、上に2〜3つに切った昆布、種を除いてちぎった赤唐辛子を散らし、ふたをする。ここで使った漬けもの容器は、30.5×21×高さ21.5cmの、6.1ℓ容量のもの。

9
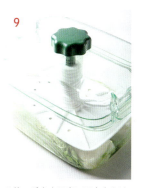
2倍の重さを目安に圧力をかけ、一晩で水がひたひたに上がったら圧力を半分にし、常に水が白菜より上にくるようにして冷暗所で2日おく。食べる分だけ水気を絞って切り分ける。
＊保存容器に移し、冷蔵庫で1カ月ほど保存可。

【白菜漬けで】

白菜漬けと豚肉の鍋

材料　作りやすい分量
白菜漬け(できれば古漬け)　300g
豚バラ薄切り肉　300g
干しえび　30g
春雨(乾)　40g
にんにく　1かけ
ごま油　大さじ½
香菜のざく切り、豆板醤　各適量

1. 干しえびはぬるま湯に15分以上つけて戻す。春雨は熱湯に5分ほどつけて戻し、水気をきってざく切りにする。
2. 白菜漬けは汁気を絞って5mm幅に切る。豚肉は半分に切り、にんにくは半分に切ってつぶす。
3. 鍋にごま油を熱して豚肉とにんにくを入れ、少し焼き色がつくまで炒め、水3カップを注ぎ入れ、1も加えて煮立てる。
4. アクを取り、白菜漬けを加えて4〜5分煮、味をみて塩またはしょうゆ(各分量外)で味を調える。香菜、豆板醤を添える。

【白菜漬けで】
焼き油揚げと白菜漬けあえ

材料　2人分
白菜漬け　100g
油揚げ　1枚
A ｜ 白すりごま　大さじ½
　 ｜ ごま油　小さじ½

1　白菜漬けは汁気を絞って4〜5mm幅に切る。
2　油揚げは焼き網またはグリルでこんがりと焼き、少し冷ましてちぎる。
3　ボウルにAを入れ、1と2を加えてあえる。

【白菜漬けで】
塩焼きそば

材料　2人分
白菜漬け　150g
長ねぎ　½本
むきえび　120g
中華蒸し麺　2玉
ごま油　大さじ½
A ｜ 酒　大さじ1
　 ｜ 水　大さじ1
　 ｜ 塩、こしょう　各少々

1　白菜漬けは汁気を絞って2cm四方に切る。長ねぎは4cm長さ、5mm幅に切る。
2　むきえびは背ワタがあれば取り除く。
3　中華蒸し麺は袋ごと電子レンジで2分ほど加熱し、袋から出してほぐす。
4　フライパンにごま油を熱してむきえびを軽く炒め、1を加えてさらに炒める。3を入れて炒め合わせ、Aを加えて味をなじませる。

野菜を漬ける……昔ながらの漬けものを完全マスター　81

らっきょう漬け
らっきょうの甘酢漬け

出盛りの時期に新鮮ならっきょうを買い、
すぐに甘酢に漬け込みます。歯ごたえ抜群です。

材料　作りやすい分量
らっきょう　500g
A｜酢　¾カップ
　｜砂糖　150g
　｜水　½カップ
　｜塩　大さじ1
　｜赤唐辛子　1本

1

らっきょうは1粒ずつに分ける。

2

水で洗って土や汚れを落とす。

3
皮をむき、根元のひげ根を切り取る。逆側の茎の部分も切り取る。切りすぎると歯ごたえが悪くなるので注意。

4

再びきれいになるまでよく洗う。汚れた皮やかたい皮は取り除く。

5

ていねいに水気を拭き、酸に強いガラスなどの保存瓶に入れる。

6

ホーローなど酸に強い鍋にAを入れ、砂糖を溶かしながら煮立てる。

7

6を5のらっきょうに注ぐ。

8

冷めたらふたをして冷暗所で3日ほどおく。
＊冷暗所(夏は冷蔵庫)で半年ほど保存可。

野菜を漬ける……昔ながらの漬けものを完全マスター | 83

らっきょう漬け

らっきょうの塩漬け

塩水で漬けたらっきょうは、パリパリッとした食感。
そのまま食べるほか、せん切りにして食べてもおいしい。

材料　作りやすい分量
らっきょう　500g
塩　25g

1　らっきょうはp.83の作り方1～4を参照して下ごしらえし、ていねいに水気を拭き、保存瓶に入れる。
2　塩を加え(写真a)、水1カップを注ぎ入れる(写真b)。
3　常温に2～3日おき、1日2～3回、瓶を上下にふって塩を溶かす(写真c)。その後冷蔵庫に入れる。

＊冷蔵庫で3カ月ほど保存可。
＊冷蔵庫に入れないと歯ごたえが悪くなる。
＊漬けて2日ほどたっても水がらっきょうの半分以下のときは¼～⅓カップの水を足す。

らっきょう漬け

らっきょうの酢じょうゆ漬け

酢の酸味としょうゆのうまみが加わった味わいは
甘酢漬けが苦手な人にも人気です。

材料　作りやすい分量
らっきょう　500g
A｜しょうゆ　1½カップ
　｜酢　1カップ
赤唐辛子　1本

1　らっきょうはp.83の作り方1～4を参照して下ごしらえし、ていねいに水気を拭き、保存瓶に入れる。
2　赤唐辛子をちぎって加え(写真a)、Aを混ぜ合わせて注ぎ入れる(写真b)。冷暗所で3日ほどおく。夏は冷蔵庫に入れる。

＊冷蔵庫で半年ほど保存可。

【らっきょうの甘酢漬けで】
和風タルタルソース

材料　作りやすい分量
らっきょうの甘酢漬け　4粒
ゆで卵　1個
マヨネーズ　大さじ3
塩、こしょう　各少々
好みのフライ（えび、かきなど）　適量

1. らっきょうの甘酢漬け、ゆで卵は粗みじん切りにする。
2. ボウルに1、マヨネーズ、塩、こしょうを入れてタルタルソースを作る。
3. 器に好みのフライを盛り、2をかける。

【らっきょうの酢じょうゆ漬けで】
らっきょうチャーハン

材料　2人分
らっきょうの酢じょうゆ漬け　6～8粒
酢じょうゆ漬けの漬け汁　大さじ2
なると　50g
卵　2個
サラダ油　適量
ご飯　茶碗大2杯分
万能ねぎの小口切り　3～4本分

1. らっきょうの酢じょうゆ漬けは粗みじん切りにし、なるとは5mm～1cm角に切る。
2. 卵は割りほぐし、サラダ油小さじ1を熱したフライパンに入れて大きく混ぜ、半熟になったら取り出す。
3. 2のフライパンにサラダ油大さじ½を足し、1を入れて炒め、ご飯と万能ねぎを加えて炒め合わせる。
4. ご飯を少し寄せてフライパンにすき間を作り、酢じょうゆ漬けの漬け汁を入れて煮立てて全体に混ぜ、2を戻し入れてざっと混ぜる。

野菜を漬ける……昔ながらの漬けものを完全マスター | 85

梅干し
→作り方は p.88

青梅の割り漬け
→作り方は p.90

小梅の昆布漬け
→作り方は p.91

野菜を漬ける……昔ながらの漬けものを完全マスター

梅干し

昔ながらの梅干しは塩分18〜20％ですが、ここでは少し低塩の15％で作ります。また、初心者向けに梅1kgで紹介していますが、2kgを漬ける場合はすべての分量を2倍にします。

材料　作りやすい分量
梅（完熟）　1kg
塩　150g（梅の重量の15％）
ホワイトリカー（またはにおいの少ないタイプの焼酎）　大さじ3
赤じそ　1束（350〜400g）
赤じそ用塩　大さじ2

下漬け

1 梅は熟しているものを使う。少し緑みがあるときはザルに広げて1〜2日おくと追熟してくる。

2 ヘタを竹串でていねいに取って洗う。

3 保存容器は食用アルコールやホワイトリカー（分量外）をしみ込ませたペーパータオルで拭いてきれいにし、¼量の塩を入れる。

4 2の梅の水気を拭き、腐敗防止と塩がつきやすくなるようにホワイトリカーを全体にまぶす。

5 3の保存容器に⅓量の梅を入れ、¼量の塩をふる。梅、塩、梅の順に交互に重ね、一番上は塩になるようにする。

赤じそ漬け

6 梅の重量の2倍くらいの重しをし、塩が溶けて梅酢が上がってくるまで4〜5日おく。1日1回は見て、カビなどがないかチェックする。

7 4〜5日たって、塩が溶けて梅酢が上がった状態。

8 赤じそは茎からはずし、2〜3回水を替えてよく洗い、ザルに上げる。

9 ボウルに入れ、塩の半量をまぶして10分おき、手でよくもむ。

10 アク汁が出たら汁を捨て、残りの塩を入れ、同じことをもう1回繰り返す。

11 汁気をしっかりと絞り、ボウルに入れ、7の梅から出てきた梅酢を⅓カップほど入れる。

12 手でほぐして梅酢をなじませる。

13 12の赤じそを7の上にのせていく。

14 梅が見えないようにのせて、ならす。

15 梅が顔を出しているとカビが生えやすいので、梅酢がかぶるくらいの重しをし、土用(梅雨明け後)の天気のよい日まで待つ。2〜3日に1回はカビがないかチェックする。

土用干し

16 土用の天気のいい日に梅をザルに取り出し、日当たりのいい場所で3日間干す。1日に上下を1〜2回返し、夜は室内に取り込む。

17 赤じそも水気を絞って16のザルに一緒にのせる。梅酢も外に出し、ホコリや虫が入らないようにさらしで覆うかラップを貼る。

18 シワが出てきたらでき上がり。梅酢に1粒ずつ浸してから保存瓶に入れる。

19 赤じそも入れる。保存瓶に入れるとやわらかく保てる。

20 保存瓶に入れない場合は保存容器に戻す。赤じそは全量梅酢に浸してもいいし、そのままカラカラになるまで干してゆかりにしても(p.93参照)。

* 常温で1年以上保存可。
* 梅酢が上がらない場合は、重しを少し重くして、毎日揺するようにして塩を回すようにする。
* カビが生えたらひどいものは除き、あとはていねいに洗って水気を拭き、ホワイトリカーを吹きかけて戻す。梅酢にカビが浮いていたらすくい取り、天日に1日当ててから梅を戻す。暑いときは冷蔵庫に入れたほうがよい。
* 梅1kgだと袋漬けも可能。保存袋に梅と塩を入れ、2kgの重しをし、1日1〜2回上下を混ぜて梅酢が上がるまで待つ。あとは赤じそを入れ、土用まで待つ。

余った梅酢が赤梅酢。別の瓶に入れて保存しておくと、漬けものやすし飯の合わせ酢に使うことができる。

野菜を漬ける……昔ながらの漬けものを完全マスター

青梅の割り漬け

種を取って切り分けた青梅を、
赤じそと梅酢、氷砂糖で漬け込みます。
カリカリッとした食感を楽しみます。

材料　作りやすい分量
青梅　1kg
塩　100g
赤じそ　1束(300〜350g)
赤じそ用塩　20g
酢　大さじ1
氷砂糖　200g

1
青梅は一晩水につけておく。

2
ヘタを取って水気を拭き、梅のまわりにぐるりと一周包丁目を入れ、6〜8等分に切り分ける。種は梅じょうゆに使える(p.93参照)。

3
保存容器に入れ、塩を加えて全体にまぶす。

4
ラップをして青梅の重量の2倍程度の重しをし、梅酢が上がるまで2〜3日おく。

5
2〜3日たって、塩が溶けて梅酢が上がった状態。

6
赤じそは茎からはずし、2〜3回水を替えてよく洗い、ザルに上げる。ボウルに入れ、p.88の梅干しの作り方9〜10を参照してアク汁を出す。

7
汁気をしっかりと絞り、酢と5の梅酢を⅓ほど入れてほぐし、5の上に均等にのせる。

8
氷砂糖をのせ、ふたをして1日おく。

9
1日おいたら1日2回ほど上下を混ぜ、氷砂糖が溶けたら冷蔵庫に入れる。すぐに食べられるが、1〜2カ月たったほうがまろやかな風味になる。

＊冷蔵庫で1年以上保存可。
＊冷蔵庫に入れておかないとカリカリしなくなる。
＊少し甘みはあるが、赤じそは干してゆかりにすることも可能(p.93参照)。

小梅の昆布漬け

お弁当にもお茶請けにも楽しめる、
小梅の漬けもの。手軽に作れるのが魅力。
昆布の量は好みで加減します。

材料　作りやすい分量
小梅(青いもの)　500g
塩　75g
卵の殻　1個分
ホワイトリカー
　(またはにおいの少ないタイプの焼酎)　大さじ2
細切り昆布　10g

卵の殻はよく洗い、薄い内側の膜を除いてザルにのせ、1日天日に干す。乾いたら、砕いてお茶パックなどに入れる。

小梅は一晩水につけておく。

竹串でヘタを取ってよく洗い、水気を拭き取る。

3をボウルに入れ、ホワイトリカーを回しかけ、全体にまぶすようにして混ぜる。

½量の塩を加えて混ぜる。

保存容器に移し、1を入れ、残りの塩をのせる。

ラップをして小梅の重量の2倍くらいの重しをし、4～5日おく。

4～5日たって、塩が溶けて梅酢が上がった状態。

卵の殻は取り除き、保存瓶に移し、細切り昆布を覆うようにして入れる。冷蔵庫に入れて1週間ほどおく。1日1回瓶をふる。

＊冷蔵庫で1年以上保存可。
＊卵の殻を入れるとカリカリの食感が保てる。

梅干し、青梅の割り漬けの副産物を楽しむ

はじかみしょうが

材料　作りやすい分量
葉しょうが　6〜8本分
A｜梅酢　大さじ2
　｜水　大さじ2
　｜酢　大さじ1

1. 葉しょうがは1本ずつ切り離し、葉先を切り落とし、タワシなどで表面をこすって洗う。熱湯にさっとくぐらせ、水気を拭く。
2. Aをバットなどに合わせ、1を入れて1〜2時間おく。葉の部分の緑色を残したいときは、縦長の保存容器やコップなどに移す。

＊冷蔵庫で1週間ほど保存可。

しば漬け風

材料　作りやすい分量
なす　2本
きゅうり　1本
みょうが　2本
青じそ　5枚
A｜水　1カップ
　｜塩　大さじ½
B｜梅酢　大さじ3
　｜酢　大さじ1
　｜水　大さじ1
　｜砂糖　大さじ½

1. なすはヘタを切り落として薄い輪切りまたは半月切りにし、きゅうりは小口切りにし、みょうがは縦2〜4等分に切る。青じそはせん切りにする。
2. ビニール袋にAを入れ、1を加えて15分ほどおく。
3. 水気をかたく絞り、新たにBを入れて30分以上おく。

＊なすのアクが出るので、食べる直前に汁気を絞るとよい。

自家製ゆかり

材料　作りやすい分量
梅干しを作る過程で天日干しにした赤じその葉　適量

1　赤じそはカラカラになるまで干し、すり鉢やフードプロセッサーなどで粉状にする。
　＊味をみて塩や白炒りごまを加えても。

梅じょうゆ

材料　作りやすい分量
青梅の割り漬けを作る過程で出た梅の種　1kg分
しょうゆ　適量

1　保存瓶に青梅の種を入れ、しょうゆをかぶるくらいに注ぐ（写真a）。
2　冷暗所または冷蔵庫で3カ月ほどおく。
　＊冷暗所または冷蔵庫で6カ月ほど保存可。
　＊きゅうりや大根の浅漬け、煮魚、炒めものの味つけに。また、冷奴のたれ、刺し身じょうゆとして使っても。

Part2

肉・魚介を漬ける

粕漬け、麹漬け、みそ漬けなど、昔ながらの漬け床はもちろん、

カレーヨーグルト漬け、はちみつみそ漬けなど、身近な材料を使ったものも紹介。

さらに、オイルサーディンやツナ風など、みんなが好きなオイル漬けもラインナップ。

自分で作ると好みの味に仕上げられるのが魅力です。

漬ける量は、手軽に作れる少人数家族分。手作りならではのおいしさが楽しめます。

豚肉の粕漬け →作り方は p.96

> 粕漬け

豚肉の粕漬け

ここで紹介するのは、みそを入れた粕漬け。
コクがあるのにやさしい味わい。
牛肉、鶏肉でも同様に。粕床は何回か使い回せます。

材料　作りやすい分量
A ｜ 酒粕　400g
　 ｜ みそ　大さじ4
　 ｜ 砂糖　大さじ1
　 ｜ 塩　小さじ2/3
豚肩ロース肉(とんかつ用)　2枚

1　Aで粕床を作る。酒粕はかたければぬるま湯につけてやわらかくし(写真a)、水気をきり、フードプロセッサーに入れて撹拌する(写真b)。なめらかになったらみそ、砂糖、塩を加え(写真c)、さらに撹拌してなめらかにする(写真d)。

2　バットに1の半量を敷き、豚肉を並べ入れ、残りの1を入れ(写真e)、豚肉を覆う(写真f)。

3　ラップをし、冷蔵庫に入れて最低3〜4時間、できれば一晩おく。

4　粕をぬぐって豚肉を取り出し、グリルまたは焼き網でおいしそうな焼き色がつくまで焼く。

5　食べやすい大きさに切り分けて器に盛り、クレソン(分量外)を添える。

＊3の状態で、冷蔵庫で2日ほど保存可。
＊2日以上たったら粕床から取り出してラップで包み、冷蔵庫で1〜2日保存可。

96

> 粕漬け

金目鯛の粕漬け

左ページと同じ粕床で、魚介類を漬けます。
ここでは金目鯛を使いましたが
ほかの白身魚の切り身、鮭、えび、いかなどで作っても。

材料　作りやすい分量
A｜酒粕　400g
　｜みそ　大さじ4
　｜砂糖　大さじ1
　｜塩　小さじ2/3
金目鯛　2切れ

1　Aの粕床は左ページを参照して作る。
2　バットに1の半量を敷き、金目鯛を並べ入れ、残りの1を入れて金目鯛を覆う(写真a)。ラップをし、冷蔵庫に入れて最低3〜4時間、できれば一晩おく。
3　粕をぬぐって金目鯛を取り出し、グリルまたは焼き網でおいしそうな焼き色がつくまで焼く。
4　器に盛り、はじかみしょうが(分量外。p.92参照)を添える。

＊2の状態で、冷蔵庫で2日ほど保存可。
＊2日以上たったら粕床から取り出してラップで包み、冷蔵庫で1〜2日保存可。

a

肉・魚介を漬ける｜97

麹漬け

身欠きにしんと野菜の麹漬け

ソフトタイプの身欠きにしんを使うから手軽。
シャキシャキで甘い大根とキャベツが定番の組み合わせです。

a  b  c  d

材料　作りやすい分量
- 身欠きにしん(ソフトタイプ)　2枚(約240g)
- 大根　300g
- キャベツ　400g
- にんじん　100g
- 塩　30g
- 米麹　80g
- しょうが　3かけ
- 赤唐辛子　½本

1. 身欠きにしんはバットなどに入れ、かぶるくらいの米のとぎ汁(分量外)を加え、一晩おく(写真 a)。
2. 大根は5mm厚さのいちょう切りにする。キャベツは一口大のざく切りにし、にんじんは5mm厚さの輪切り、大きいものは半月切りまたは短冊切りにする。ビニール袋に入れ、塩を加えて全体にからめ、空気を抜いて口を縛り、常温で2～3時間おく。
3. 米麹はボウルに入れ、ぬるま湯½カップを注ぎ入れて1時間ほどおく(写真 b)。
4. 1の身欠きにしんをさっと洗い、骨を取り除き(写真 c)、食べやすい大きさに切る。
5. 2の野菜の塩漬け、3の米麹は、それぞれ水気を軽くきる。
6. しょうがはせん切りにし、赤唐辛子は小口切りにする。
7. 保存容器に野菜の塩漬け、身欠きにしん、米麹、6を半量ずつ順に入れ、残りの半量を順に重ねて入れる(写真 d)。
8. 冷蔵庫に入れ、1日1回混ぜる。2日目から食べられるが、だんだんと酸味が出てくるので、好みの味になったら食べる。

＊冷蔵庫で10日ほど保存可。

肉・魚介を漬ける

材料　作りやすい分量

A ｜ みそ(好みのもの)　1カップ
　　　砂糖　大さじ2
　　　みりん　大さじ4
牛ランプ肉(ステーキ用)　2枚

1. Aでみそ床を作る。ボウルにみそを入れ、砂糖とみりんを加え(写真a)、泡立て器で混ぜてなめらかにする(写真b)。
2. 保存容器に1の半量を敷き、牛肉を並べ入れ、残りの1を入れて牛肉を覆う(写真c・d)。
3. 冷蔵庫に入れて最低3～4時間、できれば一晩おく。
4. みそをぬぐって牛肉を取り出し、サラダ油少々(分量外)をぬったグリルパンで好みの加減に焼く。
5. 食べやすい大きさに切って器に盛り、ミックスピクルス(分量外。p.56参照)を添える。

＊3の状態で、冷蔵庫で2日ほど保存可。
＊2日以上たったらみそ床から取り出してラップで包み、冷蔵庫で1～2日保存可。

みそ漬け
牛肉のみそ漬け

みそ漬けにした肉や魚介は、余分な水分が出てうまみがギュッと凝縮。焼きたてはもちろん、冷めてもおいしいのが魅力です。

a

b

c

d

みそ漬け
魚介のみそ漬け

青背魚、白身魚、貝柱など数種類の魚介を一緒に漬けておくと
ちょっと楽しい。お弁当にもおすすめです。

材料　作りやすい分量
A ｜ みそ（好みのもの）　1カップ
　｜ 砂糖　大さじ2
　｜ みりん　大さじ4
さば　2切れ
かじき　2切れ
帆立貝柱　5個

＊2の状態で、冷蔵庫で2日ほど保存可。
＊2日以上たったらみそ床から取り出してラップで包み、冷蔵庫で1〜2日保存可。

1　Aのみそ床は左ページを参照して作る（写真a）。
2　保存容器に1の半量を敷き、さば、かじき、帆立貝柱を並べ入れ、残りの1を入れて魚介類を覆う（写真b・c）。冷蔵庫に入れ、帆立貝柱は2時間、さばとかじきは最低3〜4時間、できれば一晩おく。
3　みそをぬぐって魚介類を取り出し、サラダ油少々（分量外）をひいたフライパンで両面焼く。
4　そのまま、または食べやすい大きさに切って器に盛る。

a
b
c

はちみつみそ漬け
ラムチョップの はちみつみそ漬け

辛すぎず、甘すぎず、
はちみつのコクが加わった深みのある味。
にんにくのすりおろしを少し入れると
パンチのある味わいに。

材料 作りやすい分量
A ｜ みそ（好みのもの） 1カップ
　｜ はちみつ 大さじ3
　｜ 酒 1/3カップ
　｜ にんにくのすりおろし 小さじ1
ラムチョップ 4本

1 Aではちみつみそ床を作る。ボウルにみそを入れ、酒、にんにくのすりおろし、はちみつを加え（写真a）、泡立て器で混ぜてなめらかにする（写真b）。
2 保存容器に1の半量を敷き、ラムチョップを並べ入れ、残りの1を入れて牛肉を覆う（写真c・d）。
3 冷蔵庫に入れて最低3～4時間、できれば一晩おく。
4 みそをぬぐってラムチョップを取り出し、サラダ油（分量外）を薄くぬったグリルパンで両面焼く。
5 器に盛り、ルッコラ適量（分量外）を添える。

＊3の状態で、冷蔵庫で2日ほど保存可。
＊2日以上たったらはちみつみそ床から取り出してラップで包み、冷蔵庫で1～2日保存可。

a

b

c

d

はちみつみそ漬け

鮭のはちみつみそ漬け

はちみつみそに漬けると、うまみがプラスされて、ほどよい甘さ。
皮がカリッとするまで香ばしく焼いて、おいしさを堪能します。

材料　作りやすい分量
A ┃ みそ(好みのもの)　1カップ
　┃ はちみつ　大さじ3
　┃ 酒　1/3カップ
　┃ にんにくのすりおろし　小さじ1
生鮭　2切れ

1　Aのはちみつみそ床は左ページを参照して作る(写真a)。
2　保存容器に1の半量を敷き、鮭を並べ入れ、残りの1を入れて鮭を覆う(写真b)。冷蔵庫に入れて最低3〜4時間、できれば一晩おく。
3　みそをぬぐって鮭を取り出し、グリルまたは焼き網で皮がカリッとするまで焼く。
4　器に盛り、すだち適量(分量外)を添える。

＊2の状態で、冷蔵庫で2日ほど保存可。
＊2日以上たったらはちみつみそ床から取り出してラップで包み、冷蔵庫で1〜2日保存可。
＊みそがゆるくなったら、昆布3〜4cmをお茶パックに入れて加える。水分を吸い、うまみが出るうえ、昆布もおいしく食べられる。

a

b

しょうゆ漬け

豚肉のしょうゆ漬け

豚肉をかたまりのまま漬け込んでおき、
漬け汁ごと煮てチャーシュー風に仕上げます。

材料　作りやすい分量
豚肩ロースかたまり肉　500g
A ｜ 長ねぎの青い部分　1本分
　｜ にんにく　1かけ
　｜ しょうゆ　1/3カップ
　｜ 酒　1/3カップ

1. 豚肉はフォークで数カ所刺し、味がしみ込みやすいようにする。Aの長ねぎはねじって香りを出し、にんにくは半分に切って芯を除いてつぶす。
2. 保存袋に豚肉とAを入れ、冷蔵庫に入れて最低3～4時間おく（写真a）。
3. 豚肉は汁気をきって取り出し、漬け汁は長ねぎ、にんにくも一緒に鍋に移し、水2カップを加える。
4. 3の豚肉をサラダ油小さじ1（分量外）を熱したフライパンで表面に焼き色がつくまで5～6分焼く。3の鍋に加えて火にかけ（写真b）、煮立ったらアクを取り、ふたをして弱火で20分煮、上下を返してさらに20分煮る。火を止めてそのまま冷ます。
5. 食べやすい厚さに切って器に盛る。

＊ 2の状態で、冷蔵庫で4～5日保存可。

a

b

酢じょうゆ漬け

手羽先の酢じょうゆ漬け

漬け汁に酢を入れると肉がやわらかくなり、
煮ても焼いてもおいしい！ ここでは漬け汁ごと煮て仕上げます。

材料　作りやすい分量
鶏手羽先　8本
A ｜ しょうが　1かけ
　　しょうゆ　大さじ4
　　酢　大さじ3
　　砂糖　大さじ1

1　手羽先は骨の脇に1本切り込みを入れ、皮目はフォークで数カ所刺して味をしみ込みやすいようにする。Aのしょうがは薄切りにし、軽くにぎりつぶして香りを出す。
2　保存袋に手羽先とAを入れて軽くもみ、冷蔵庫に入れて最低3〜4時間おく（写真a）。
3　鍋に水2カップ、手羽先を漬け汁ごと入れ（写真b）、火にかける。煮立ったらアクを取り、落としぶたをして弱めの中火で15〜20分煮る。

＊2の状態で、冷蔵庫で4〜5日保存可。

ビネガーオイル漬け

しらすのビネガーオイル漬け

ワインビネガーと香りのよいエクストラバージンオリーブオイル、そこにマスタードを加えると深みのある味わいに。

材料　作りやすい分量
しらす干し　120g
イタリアンパセリ　10本
A │ 白ワインビネガー　⅓カップ
　│ フレンチマスタード　小さじ1
　│ 塩　小さじ⅓
　│ こしょう　少々
オリーブオイル　½カップ

1　イタリアンパセリは葉を摘んで粗く刻む。
2　保存瓶にしらす干しと1を交互に詰め(写真a)、一番上はしらす干しにする。
3　ボウルにAを入れて混ぜ合わせ、オリーブオイルを加えてさらに混ぜ合わせる(写真b)。
4　2に3を注ぎ入れ(写真c)、しらす干しがひたひたに浸からない場合はオリーブオイル(分量外)を足す。冷蔵庫に入れて2〜3時間おく。

＊冷蔵庫で1週間ほど保存可。

塩漬け
いかの塩辛

材料は、するめいかと塩のみと、いたってシンプル。
自然のうまみを感じる、手作りならではのおいしさです。

材料　作りやすい分量
するめいか　2はい
塩　適量

1　いかは胴から足をはずし、ワタをつぶさないように注意して取り出し、切り離してバットに入れ、塩大さじ1を全体にまぶす。胴は切り目を入れて開き、皮をむいてラップで包む。ワタは冷蔵庫で一晩おき、胴は冷凍庫で一晩凍らせる(写真 a)。

2　冷凍した胴を室温に15分おいて半解凍し、3〜4cm長さ、7〜8mm幅に切ってボウルに入れる。

3　ワタは塩をそっと洗い流して水気をおさえ、すみ袋をつまんで除き、ワタを開いて中身を出し(写真 b)、細かくたたいて2のボウルに加えて混ぜる(写真 c)。

4　塩小さじ¼を加えてさらに混ぜる(写真 d)。

5　保存容器に移し(写真 e)、冷蔵庫に入れる。5〜6時間したら一度味見をし、塩気が足りなければ塩を足し、最低一晩おく。

＊冷蔵庫で1週間保存可。
＊いかの足とえんぺらは使わない。
＊アニサキスによる食中毒の予防のため、胴は冷凍してから使う。ワタは細かくたたく。

a
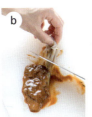
b

c

d

e

肉・魚介を漬ける | 107

みそヨーグルト漬け

豚薄切り肉のみそヨーグルト漬け

みそヨーグルトに漬けておけば、あとは、食べたいときに
チャチャッと焼くだけ。焼くと香ばしく、冷めてもやわらか。

材料　作りやすい分量
豚薄切り肉または細切れ肉　300g
A｜プレーンヨーグルト　¾カップ
　｜みそ　大さじ2
　｜しょうがのすりおろし　小さじ1

1. ボウルにAを入れて混ぜ(写真a)、豚肉を加え(写真b)、混ぜ合わせる。
2. 保存袋に移し、袋の上から軽くもみ、冷蔵庫に入れて半日ほどおく(写真c)。
3. 豚肉を取り出し、サラダ油小さじ1(分量外)をひいたフライパンで焼き色がつくまで焼く(写真d)。
4. 器に盛り、ベビーリーフ(分量外)を添える。

＊2の状態で、冷蔵庫で3〜4日保存可。

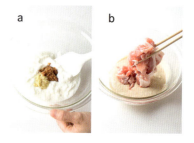

カレーヨーグルト漬け

鶏もも肉のタンドリー風

カレー粉とトマトケチャップ入りのヨーグルトに漬けておいた鶏肉はやわらかジューシー。好みのカレースパイスを加えても。

材料　作りやすい分量
鶏もも肉　2枚
A ┃ プレーンヨーグルト　¾カップ
　 ┃ カレー粉　大さじ1
　 ┃ トマトケチャップ　大さじ1
　 ┃ にんにくのすりおろし　小さじ½
　 ┃ 塩　小さじ1

1　鶏肉は一口大に切る。
2　ボウルにAを入れて混ぜ（写真a）、鶏肉を加えて混ぜ合わせる（写真b）。
3　保存袋に移し、袋の上から軽くもみ、冷蔵庫に入れて半日ほどおく（写真c）。
4　鶏肉を取り出してカレーヨーグルトを軽くぬぐい、サラダ油小さじ1（分量外）をひいたフライパンに皮目を下にして入れ、焼き色がつくまで焼く。上下を返してふたをし、3〜4分焼いて中まで火を通す（写真d）。

＊3の状態で、冷蔵庫で3〜4日保存可。

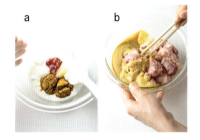

オイル漬け

手羽元のレモングラスオイル漬け

レモングラスの香りが鼻をくすぐる、ほんのりアジアンテイスト。
残ったオイルはあと1～2回使い回せるので、鶏もも肉や豚肉を漬けても。

材料　作りやすい分量
鶏手羽元　10本
A ｜ レモングラス　4本
　｜ 塩　小さじ1
　｜ にんにくのすりおろし　小さじ½
　｜ しょうがのすりおろし　小さじ1
　｜ サラダ油　½カップ

1　手羽元はフォークで数カ所刺し、味がしみ込みやすいようにする。
2　Aのレモングラスは表面のかたい皮を1～2枚むき、小口から刻む(写真a)。
3　ボウルに1を入れ、サラダ油以外のAを加えてよくもみ(写真b)、保存袋に移してサラダ油を加える(写真c)。冷蔵庫に入れて一晩おく(写真d)。
4　手羽元を取り出して適度に油をきり、フライパンに入れて8～10分焼く。

＊3の状態で、冷蔵庫で3～4日保存可。

オイル漬け

かつおのツナ風

オリーブオイルは上質のエクストラバージンオイルを使うのがポイント。
あえものやサラダ、サンドイッチなどに幅広く使えます。

材料　作りやすい分量
かつお　小2さく(500～600g)
A ｜ 白ワイン　大さじ2
　｜ 塩　大さじ½
　｜ こしょう　少々
にんにくの薄切り　2かけ分
ローズマリー　2～3枝
オリーブオイル　1½カップ

1　かつおはバットに入れ、Aをからめ(写真a)、30分ほどおき、汁気を拭く。
2　フライパンに1を入れ、にんにく、ローズマリー、オリーブオイルを加え、オーブンシートで落としぶたをし(写真b)、ごく弱火で30分ほどゆっくりと煮る(写真c)。途中1回上下を返す。
3　そのまま冷まして保存容器に移し(写真d)、冷蔵庫に入れて一晩おく。
4　油を適度にきって取り出し、粗くほぐし、赤玉ねぎの薄切り適量(分量外)とあえて器に盛る。

＊3の状態で、冷蔵庫で10日ほど保存可。なるべく油からかつおが出ないようにする。

肉・魚介を漬ける

材料　作りやすい分量
いわし　8尾
塩　大さじ2
にんにくの薄切り　2かけ
タイム　4〜5本
赤唐辛子　2本
オリーブオイル　2カップくらい

1　いわしはキッチンバサミで頭を切り落とし、3等分に切り(写真a)、尾の先を切り落とす。箸などを使ってワタを除く(写真b)。氷水できれいに洗い、水気を拭く。

2　1をバットに入れ、塩を全体にまぶして30分ほどおく(写真c)。洗ってペーパータオルで水気をおさえる。

3　フライパンまたは鍋に2を入れ、にんにく、タイムを散らし、赤唐辛子をちぎって加える。オリーブオイルを注ぎ入れ(写真d)、オーブンシートで落としぶたをし、ごく弱火で30分ほど煮る。冷めたら、そのまま保存容器に移す。

＊冷蔵庫で1週間ほど保存可。

オイル漬け

いわしの
オイルサーディン

いわしにたっぷりの塩をまぶし、
オリーブオイルでゆっくりと煮込みます。
いわし本来のおいしさを楽しむレシピです。

オイル漬け

かきのオイル漬け

フライパンで火を通すときに水気をしっかりと飛ばし、しょうゆで下味をつけるのがポイント。酒の肴や、パスタやパンと組み合わせても。

材料　作りやすい分量
かき（加熱用）　500g
塩　大さじ2
しょうがの薄切り　2かけ分
しょうゆ　小さじ1
オリーブオイル　1カップくらい

1. かきはボウルに入れて塩をふり、やさしく混ぜながら黒い泡が出てくるまで軽くもみ（写真a）、よく洗ってペーパータオルで水気をおさえる。
2. フッ素樹脂加工のフライパンを火にかけて1を並べ入れ、しょうがを散らす。2～3分してかきがぷっくりとしたら上下を返し（写真b）、焦げそうになったら火をやや弱め、水気がほぼなくなってきたら、しょうゆを回し入れて取り出す。
3. 保存容器に入れ、オリーブオイルをかぶるくらいまで注ぎ入れる（写真c）。冷めたら冷蔵庫に入れて2時間ほどおく。

＊冷蔵庫で1週間ほど保存可。

【かきのオイル漬けで】

かきのパスタ

材料　2人分
かきのオイル漬け　10～12粒
かきのオイル漬けのオイル
　（しょうがが含む）　大さじ3
パスタ（リングイーネ）　160g
万能ねぎの小口切り　30g
塩、黒こしょう　各少々

1. パスタは塩少々（分量外）を加えた熱湯でゆではじめる。
2. フライパンにかきのオイル漬けとオイル、しょうがを入れて弱火で温める。
3. パスタがゆで上がったら2に加え、パスタのゆで汁大さじ3も入れ、塩、こしょうで味を調える。万能ねぎを入れてざっと混ぜる。

Part3

卵・豆腐・チーズ・果物を漬ける

野菜や肉、魚介類だけでなく、卵・豆腐・チーズも「漬ける」ことで
味や風味、食感に変化が出て、おいしい料理、気の利いた一品になります。
ここでは、漬けておくだけでOKの、みそ漬けやオイル漬けなどを紹介。
また、季節の果物も、砂糖やはちみつ、シロップなどに「漬ける」ことによって
おいしさが長持ちし、作りおきの甘味になります。おもてなしにも喜ばれます。

卵とチーズのみそ漬け
豆腐のみそ漬け →作り方は p.116

a  b  c    a  b  c

みそ漬け

卵とチーズのみそ漬け

ゆで卵、モッツァレラチーズを丸ごと漬け込みます。卵のゆで加減は好みでOK。うずらの卵を加えても。

材料　作りやすい分量
卵　2個
モッツァレラチーズ　1個(100g)
A｜みそ　1カップ
　｜みりん　大さじ4
　｜砂糖　大さじ2
　｜粉辛子　大さじ1

1　卵はゆでて殻をむき、モッツァレラチーズはペーパータオルで水気をおさえる。
2　ボウルにAを入れ、泡立て器で混ぜてなめらかにする(写真a)。
3　保存容器に2の半量を敷き、卵とモッツァレラチーズを入れ(写真b)、残りの2を入れて卵とチーズを覆う(写真c)。冷蔵庫に入れて一晩おく。
4　食べる分だけ取り出してみそをぬぐい、食べやすい大きさに切って器に盛る。

＊1日たったらみそ床から取り出してラップで包む。冷蔵庫で4～5日保存可。

みそ漬け

豆腐のみそ漬け

しっかりと水きりをしてから漬け込むのがポイント。いつもの豆腐とはまた違ったおいしさが楽しめます。

材料　作りやすい分量
絹ごし豆腐　1丁(300g)
A｜みそ　1カップ
　｜みりん　大さじ4
　｜砂糖　大さじ2
　｜粉辛子　大さじ1

1　豆腐はペーパータオルで包み、冷蔵庫に入れて1時間ほど水きりし(写真a)、半分に切る。
2　ボウルにAを入れ、泡立て器で混ぜてなめらかにする。
3　保存容器に2の半量を敷き、豆腐を入れ、残りの2を入れて豆腐を覆う(写真b)。冷蔵庫に入れて一晩おく。
4　食べる分だけ取り出してみそをぬぐい、食べやすい大きさに切って器に盛る。

＊1日たったらみそ床から取り出してラップで包む。冷蔵庫で5～6日保存可。
＊みそがゆるくなったら、細切り昆布適量をお茶パックに入れて加える(写真c)。水分を吸い、うまみが出るうえ昆布も食べられる。

みそ漬け
卵黄のみそ漬け

生の卵黄をみそ漬けにすると、
透明感が出て、ねっとりとして
この上ないおいしさ。
酒の肴にするほか、ご飯にのせても。

材料　作りやすい分量
卵黄　4個分
A｜みそ　250g
　｜みりん　大さじ2

1　ボウルにAを入れて混ぜ合わせる（写真a）。
2　保存容器に1の半量を入れて平らにし、ぬらしてかたく絞ったガーゼをのせて、スプーンの背でくぼみを4カ所作る（写真b）。
3　くぼみに卵黄を落とし入れ（写真c）、ガーゼをかぶせ、残りの1で覆う（写真d）。冷蔵庫に入れて最低丸1日、できれば2日おく。
4　器に青じそ（分量外）を敷いて盛る。
＊冷蔵庫で5～6日保存可。

卵・豆腐・チーズ・果物を漬ける | 117

> ウスターソース漬け

卵のウスターソース漬け

スパイシーなウスターソースに漬けたゆで卵は
パンチのある味わい。黄身とのコントラストもきれい。

材料　作りやすい分量
卵　6個
ウスターソース　大さじ4

1　卵はゆでて殻をむく。
2　卵がまだ温かいうちにビニール袋に入れ、ウスターソースを加え（写真a）、空気を抜いて口を縛り（写真b）、冷蔵庫に入れて一晩おく（写真c）。

＊冷蔵庫で1週間ほど保存可。
＊ビニール袋をボウルに入れて作業するとやりやすい。

a

b

c

ピクルス

卵のカレーピクルス

カレー風味のピクルス液に漬けた卵は、
少し酸っぱくて味が締まった感じ。
サンドイッチやタルタルソースに使っても。

材料　作りやすい分量
卵　8個
うずら卵　6〜8個
A｜水　1カップ
　｜酢　1カップ
　｜カレー粉　大さじ1
　｜砂糖　大さじ1
　｜塩　大さじ½
　｜ローリエ　1枚
　｜黒粒こしょう　8〜10粒

1　卵とうずら卵はゆでて殻をむき、保存瓶に入れる。
2　鍋にAを入れて煮立て（写真a）、1に注ぎ入れる（写真b）。冷めたら、冷蔵庫に入れて一晩おく（写真c）。

＊冷蔵庫で10日ほど保存可。

材料　作りやすい分量
アボカド（かためのもの）　1個
A ｜ しょうゆ　大さじ1
　｜ みりん　大さじ½
　｜ 豆板醤　小さじ½

1　アボカドは縦にぐるりと包丁目を入れてひねり、半分に分け、種と皮を除く。さらに縦半分に切る。
2　保存袋にAを入れて混ぜ（写真a）、1を加えてからめる（写真b）。冷蔵庫に入れて2〜3時間おく。
3　食べやすい大きさに切って器に盛る。
　＊冷蔵庫で3〜4日保存可。

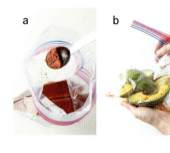

豆板醤しょうゆ漬け

アボカドの豆板醤しょうゆ漬け

豆板醤を入れたピリ辛味のしょうゆ漬けです。
わさびじょうゆとはまた違ったおいしさです。

オイル漬け

フェタチーズとオリーブのオイル漬け

オレンジの皮を一緒に漬けて、香りよく仕上げるのがポイント。
時間がたつにつれてチーズがまろやかな味に変化します。

材料　作りやすい分量
フェタチーズ　200g
オリーブ(緑、黒)　各10粒
オレンジの皮　少々
オリーブオイル　約1½カップ

1　フェタチーズは1.5cm角に切る(写真a)。オレンジの皮は白い部分は除き、せん切りにする。
2　保存瓶に1とオリーブを入れ、オリーブオイルをかぶるくらいまで注ぎ入れる(写真b)。冷蔵庫に入れて一晩以上おく。

＊冷蔵庫で2週間ほど保存可。常にチーズがオリーブオイルに浸っている状態にする。

卵・豆腐・チーズ・果物を漬ける | 121

砂糖漬け
ゆずの砂糖漬け

材料はゆず、濃厚な甘さと独特の風味のある
三温糖のみ。熱湯に溶かしてゆず茶にしても美味。

材料　作りやすい分量
ゆず　3個(500～600g)
三温糖　500～600g

1　ゆずは半分に切って種を除き(写真a)、4等分にして薄切りにする(写真b)。重さを量り、同量の三温糖を用意する。
2　保存瓶にゆずの¼量を入れ、三温糖の¼量を加える(写真c)。同様にして交互に重ねる(写真d)。
3　砂糖が溶けるまで常温で4～5日おき、その後冷蔵庫に入れる。
＊冷蔵庫で1カ月保存可。

【ゆずの砂糖漬けで】
ゆずパン

材料　1人分
ゆずの砂糖漬け　適量
イギリスパン　1枚

1　イギリスパンを軽くトーストし、ゆずの砂糖漬けをのせる。好みでバターやクリームチーズ(分量外)をぬっても。

材料　作りやすい分量
ドライフルーツ
　（あんず、クランベリー、レーズン
　など）　合わせて100g
ミックスナッツ　100g
シナモンパウダー　適量
はちみつ　約2カップ

1　ドライフルーツは大きいものは刻み、ボウルに合わせ、熱湯適量をかけて少しおき（写真a）、ザルに上げて水気をきり、ペーパータオルで水気をおさえる。
2　保存瓶に1とミックスナッツを半量ずつ入れ、シナモンパウダー少々をふる（写真b）。残りの1とミックスナッツを入れ、シナモンパウダー少々をふる。
3　はちみつをひたひたに注ぎ入れ（写真c）、1日おき、その後冷蔵庫に入れる。
＊冷蔵庫で2週間ほど保存可。常にはちみつに浸っている状態にする。

【ドライフルーツとナッツのはちみつ漬けで】
ワインのおともプレート

材料　1～2人分
ドライフルーツとナッツの
　はちみつ漬け　適量
カマンベールチーズ　½個

1　カマンベールチーズを食べやすい大きさに切り、ドライフルーツとナッツのはちみつ漬けとともに器に盛る。チーズとからめて食べる。

はちみつ漬け
ドライフルーツと
ナッツの
はちみつ漬け

ドライフルーツは数種類
混ぜたほうがおいしい。
シナモンの香りが
食欲を刺激します。

卵・豆腐・チーズ・果物を漬ける | 123

材料　作りやすい分量
きんかん　600g
A｜水　1½カップ
　｜グラニュー糖　300g
レモンの搾り汁　½個分

1　きんかんは洗って竹串でヘタを除き(写真a)、縦に3〜4本切り込みを入れる(写真b)。
2　鍋に湯を沸かし、1を入れ、弱火で2分ほどゆでる。静かにザルに上げ(写真c)、アクや苦みを取る。
3　別の鍋にAを入れて煮立て、2を加える(写真d)。再び煮立ったらアクを取り、オーブンシートで落としぶたをして弱火で15分ほど煮、レモンの搾り汁を加えてひと煮して火を止める。そのまま冷まし、保存瓶にシロップごと移す。

＊冷蔵庫で1カ月ほど保存可。
＊シロップが残ったら、ヨーグルトや紅茶に入れるとよい。

シロップ漬け
きんかんの
シロップ漬け

きんかんは下ゆでしてから
甘煮にするのがコツ。
グラニュー糖の量は
きんかんの半量と覚えましょう。

シロップ漬け
フルーツポンチ風

季節のフルーツを数種類
取り合わせた豪華版。
フレッシュ感を残したいから、
味つけはシンプルに。

材料　作りやすい分量
パイナップル(正味)　200g
メロン(正味)　200g
オレンジ　1個
キウイフルーツ　1個
アメリカンチェリー　8個
A｜グラニュー糖　120g
　｜水　3カップ
レモンの搾り汁　1/2個分

1 鍋にAを入れ、火にかけて煮立て(写真a)、火を止め、レモンの搾り汁を加える(写真b)。そのまま冷ます。

2 果物は食べやすい大きさに切り、保存瓶に彩りよく入れ、1を注ぎ入れる(写真c)。冷蔵庫に入れて3〜4時間おく。

＊冷蔵庫で2〜3日保存可。
＊果物は合計800gくらい使用。好みや季節に合わせて変えても。

卵・豆腐・チーズ・果物を漬ける | 125

ワイン漬け

りんごの赤ワインコンポート

りんごの旬に作りたい、こっくりとした味わいのデザート。
赤ワインは好みのものでOK。飲んでおいしいものを使います。

材料　作りやすい分量
りんご　大1個
シナモンスティック　1本
A｜赤ワイン　1カップ
　｜水　1カップ
　｜グラニュー糖　大さじ4
　｜レモンの搾り汁　½個分

1. りんごは8等分に切って芯を除き（写真a）、皮をむく。
2. 鍋にAを合わせ、半分に折って香りを出したシナモンスティックを加える（写真b）。
3. 2を火にかけ、煮立ったら1を入れてアクを取り、オーブンシートで落としぶたをする（写真c）。弱火で10分ほど煮、そのまま冷ます。
4. 煮汁ごと保存容器に移し、冷蔵庫に入れて2〜3時間おく。

＊冷蔵庫で1週間ほど保存可。

材料　作りやすい分量
びわ　6個
レモンの搾り汁　大さじ1
バニラビーンズ　1/3本
A｜白ワイン　1カップ
　｜水　1カップ
　｜グラニュー糖　40g

1. びわは半分に切って種と皮を除いてボウルに入れ、レモンの搾り汁を加えてからめる（写真a）。
2. 鍋にAを合わせて1を加え、オーブンシートで落としぶたをし（写真b）、5分ほど煮る。
3. バニラビーンズに包丁で切り目を入れて種子をしごき出し（写真c）、2に加えてそのまま冷ます。
4. 煮汁ごと保存容器に移し、冷蔵庫に入れて一晩おく。
5. 漬け汁ごと器に盛り、バニラアイスクリーム（分量外）を添える。

＊4の状態で、冷蔵庫で1週間ほど保存可。

ワイン漬け

びわの白ワインコンポート

白ワインシロップで煮ると、びわの色が鮮やか。
バニラビーンズで甘い香りをプラスするのがポイント。

重信初江 Hatsue Shigenobu

服部栄養専門学校調理師科卒業後、織田調理師専門学校に助手として勤務。その後、料理研究家のアシスタントを経て独立。昔から受け継がれてきた定番おかずから、海外を旅して覚えた料理まで、なんでもこなす実力派。雑誌、テレビなどでも活躍中。『Sushi cook book すしレシピ』(朝日新聞出版)も好評発売中。

team TSUKEMONO

ブックデザイン／茂木隆行

撮影／竹内章雄

スタイリング／肱岡香子

構成・編集／松原京子

編集デスク／森 香織(朝日新聞出版)

Tsukemono cookbook

漬けておくだけで、おいしい一品
漬けものレシピ

監　修　重信初江
編　著　朝日新聞出版
発行者　今田俊
発行所　朝日新聞出版
　　　　〒104-8011　東京都中央区築地 5-3-2
　　　　電話 (03) 5541-8996 (編集)
　　　　　　 (03) 5540-7793 (販売)
印刷所　図書印刷株式会社

© 2017 Asahi Shimbun Publications Inc.
Published in Japan by Asahi Shimbun Publications Inc.
ISBN 978-4-02-333191-4

定価はカバーに表示してあります。
落丁・乱丁の場合は弊社業務部(電話 03-5540-7800)へご連絡ください。
送料弊社負担にてお取り替えいたします。

本書および本書の付属物を無断で複写、複製(コピー)、引用することは著作権法上での例外を除き禁じられています。
また代行業者等の第三者に依頼してスキャンやデジタル化することは、たとえ個人や家庭内の利用であっても一切認められておりません。

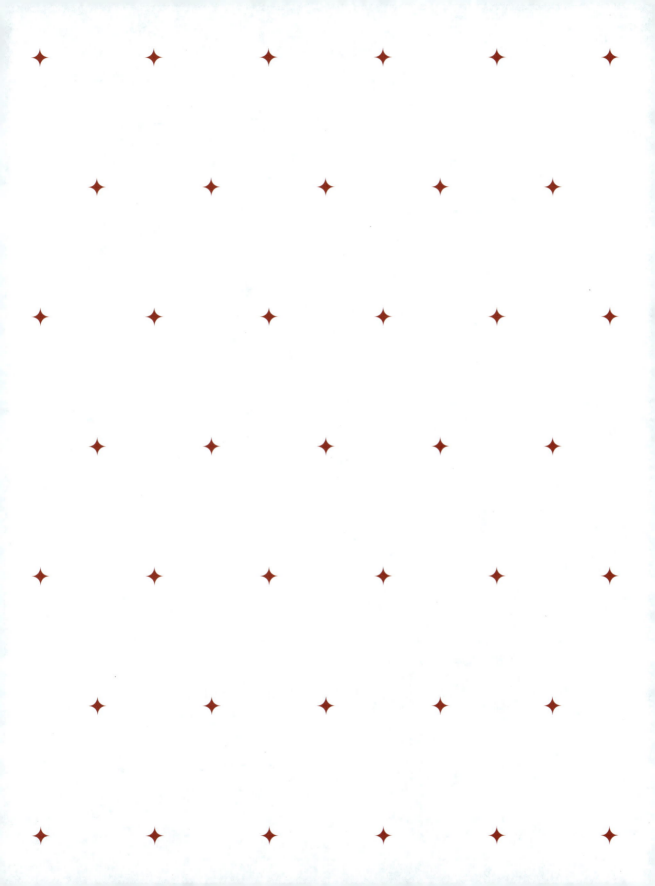